编 委 会

主　　编：王　云

编　　委：马晓刚　马雪峰　李　丽
　　　　　白淑萍　范园园　吴俊玲
　　　　　李宏阳　罗秀婷　白　静
　　　　　杨雅婷

宁夏平罗县农村经济经营管理

NINGXIA PINGLUO XIAN NONGCUN JINGJI JINGYING GUANLI

实 践 与 研 究

SHIJIAN YU YANJIU

平罗县农村合作经济经营管理站　编

黄河出版传媒集团
阳光出版社

图书在版编目（CIP）数据

宁夏平罗县农村经济经营管理实践与研究 / 平罗县
农村合作经济经营管理站编 .-- 银川：阳光出版社，
2023.6

ISBN 978-7-5525-6819-6

Ⅰ.①宁… Ⅱ.①平… Ⅲ.①农村经济–经营管理 –
研究 – 平罗县 Ⅳ.①F327.434

中国国家版本馆CIP数据核字（2023）第097380号

宁夏平罗县农村经济经营管理实践与研究

平罗县农村合作经济经营管理站　编

责任编辑　赵维娟　林　薇
封面设计　方　勇
责任印制　岳建宁

黄河出版传媒集团
阳 光 出 版 社　出版发行

出 版 人　薛文斌
地　　址　宁夏银川市北京东路139号出版大厦（750001）
网　　址　http://www.ygchbs.com
网上书店　http://shop129132959.taobao.com
电子信箱　yangguangchubanshe@163.com
邮购电话　0951-5047283
经　　销　全国新华书店
印刷装订　宁夏报业传媒集团印刷有限公司
印刷委托书号　（宁）0026623

开　　本　710 mm×1000 mm 1/16
印　　张　13
字　　数　200千字
版　　次　2023年7月第1版
印　　次　2023年7月第1次印刷
书　　号　ISBN 978-7-5525-6819-6
定　　价　48.00元

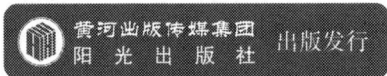

序　言

　　随着我国市场经济的不断发展和进步,农村居民的生活水平也在不断提高,"三农"问题在全社会中引起了广泛的关注,成为了农村经济经营管理工作的重点,现代农村经济经营管理工作也逐渐得到了相关部门的重视。"十一五"以来,宁夏平罗县农村合作经济经营管理站认真贯彻落实党中央决策部署,大力推进农业经营体制机制创新,切实维护农民合法权益,农村土地承包管理制度改革取得明显的进展,农村集体产权制度改革不断深入,农村集体资产管理日益规范,农村集体经济不断发展壮大,农民专业合作社依法快速规范发展,农业产业化经营迈上新台阶,为促进现代农业发展作出了重要贡献。

　　根据党和国家在农村的各项方针政策,平罗县农村经营管理工作必须紧紧围绕推进现代农业发展,把解放和发展农村生产力作为推动工作的根本目的,把是否有利于解放和发展农村生产力作为检验工作成效的根本标准;必须紧紧围绕加快农业发展方式转变,不断创新农业经营体制机制,促进农业生产经营专业化、标准化、规模化、集约化;必须紧紧围绕调动和保护农民积极性,从农民最关心、最直接、最现实的利益问题入手,切实维护农民合法权益;必须紧紧围绕推进农村改革发展,着力加强制度建设,促进农经工作法治化、规范化。

　　为了促进农村经济经营管理工作的进一步发展,平罗县农村合作经济经营管理站在充分挖掘本地典型事例的基础上,遴选出一些具有代表性的工作事迹和案例,将它们汇编成册。希望此书的出版能够让社会各界更加深入地了解农村经济经营管理工作。

本书在编写的过程中,得到了许多同行的热情帮助和支持,在此一并表示衷心的感谢。

由于水平有限,书中难免会有错误和不当之处,敬请读者提出宝贵意见和建议。

万晓山

2023 年 3 月 21 日

目　录

第一部分　发展壮大村级集体经济

积极探索创新　强化监督指导　全力推进村级集体经济不断发展壮大

　　——平罗县发展壮大村级集体经济典型案例 ……………………003

壮大村级集体经济发展情况及思路

　　——平罗县城关镇沿河村发展壮大村级集体经济典型案例 …………008

依托优势特色产业　发展壮大集体经济

　　——平罗县崇岗镇常青村发展壮大村级集体经济典型案例 …………010

增强经济发展动力　助推乡村振兴

　　——平罗县高仁乡八顷村发展壮大村级集体经济典型案例 …………012

发挥资源优势　实现集体经济发展新突破

　　——平罗县高仁乡东沙村发展壮大村级集体经济典型案例 …………014

强抓党建领发展　壮大产业促增收

　　——平罗县红崖子乡红翔新村发展壮大村级集体经济典型案例 ……016

发展蔬菜产业　增加集体收入

　　——平罗县灵沙乡西灵村发展壮大村级集体经济典型案例 …………019

深化产权制度改革　共享改革发展红利

　　——平罗县崇岗镇崇岗村发展壮大村级集体经济典型案例 …………021

支部领航走新路　群雁齐飞促发展

　　——平罗县通伏乡新丰村发展壮大村级集体经济典型案例 …………024

创新生产经营模式　壮大村级集体经济

　　——平罗县姚伏镇发展壮大村级集体经济典型案例 ············027

发展集体经济闯新路　新农村建设再起航

　　——平罗县姚伏镇小店子村发展壮大村级集体经济典型案例 ········031

抢抓发展机遇　激活发展"原动力"

　　——平罗县陶乐镇庙庙湖村发展壮大村级集体经济典型案例 ········034

乘风破浪潮头立　扬帆起航正当时

　　——平罗县通伏乡马场村发展壮大村级集体经济典型案例 ·········036

深化产权制度改革　发展壮大集体经济

　　——平罗县头闸镇邵家桥村壮大村级集体经济典型案例 ·········038

强化红色驱动力　发动经济"新引擎"

　　——平罗县头闸镇西永惠村发展壮大村级集体经济典型案例 ········040

第二部分　农村集体"三资管理"

平罗县推进乡村治理进展情况的报告 ·············045

规范村级财务管理　护航集体经济发展 ···········051

平罗县乡村财务管理和村集体经济委托经营管理情况 ······055

平罗县农村集体资产清产核资工作报告 ···········061

第三部分　农村土地确权及经营管理

扎实推进农村承包地确权工作　为农业农村土地改革奠定基础 ···········071

准确把握政策法规　全力化解土地确权矛盾纠纷 ·······073

平罗县关于规范农村土地经营权流转情况的报告 ·······077

平罗县三种模式助推农业适度规模经营 ···········083

农村土地流转中工商资本风险防范机制研究 ········086

第四部分 农村综合改革

平罗县坚持"两厘清、三明确、三规范" 扎实推进农村集体产权制度改革

    ——平罗县农村集体产权制度改革典型案例 …………105

关于平罗县农村集体产权制度改革工作的调研报告 …………109

关于农民集体土地和房屋产权自愿有偿退出转让的实践与思考 …………113

探索"三权"退出 盘活农村资源 …………119

深耕农村改革"试验田"

    ——平罗县深化农村土地改革激发"三农"活力 …………124

以宅基地收储为突破口,稳步推进乡村振兴 …………128

平罗县农村宅基地制度改革试点情况 …………130

农村产权流转交易市场建设研究 …………135

第五部分 培育新型农业经营主体

把握发展关键环节 增强联农带农作用

    ——关于农民专业合作社规范化建设的实践与思考 …………151

平罗县培育新型农业经营主体的调研报告 …………156

平罗县家庭农场运行情况的调查与思考 …………163

着力培育家庭农场 助推现代农业发展

    ——平罗县家庭农场培育典型案例 …………168

平罗县农民专业合作社核查和"空壳社"专项清理工作报告 …………171

扎实推进农业生产托管 积极引领小农户和现代农业发展有机衔接

    ——平罗县农业社会化服务典型案例 …………175

为农业插上智慧翅膀 带农民群众增收致富 …………179

打造沙漠产业 助力脱贫攻坚

    ——平罗县红翔沙漠甜瓜专业合作社典型案例 …………182

拓展服务环节　助推种养结合

　　——宁夏平罗县马场村股份经济合作社 ……………………186

开展"七统一"托管服务　让专业的人做专业的事

　　——平罗县阮桥为民农业服务专业合作社典型案例 …………190

沙漠里的致富经

　　——平罗县博涛家庭农场典型案例 ………………………194

扎根农村、发展农业、服务农民

　　——平罗县维宝家庭农场典型案例 ………………………197

第一部分
发展壮大村级集体经济

积极探索创新 强化监督指导
全力推进村级集体经济不断发展壮大

——平罗县发展壮大村级集体经济典型案例

平罗县辖13个乡镇144个行政村,耕地面积101万亩,其中,村集体所有耕地91.5万亩,未承包到户的土地资源9.15万亩。农业人口近20万人。总体来看,全县多数村集体经济比较薄弱,大部分村普遍缺乏发展壮大村级集体经济内生动力,村级集体收入来源渠道单一。2016年以来,平罗县被确定为自治区财政扶持村级集体经济发展项目试点县,平罗县以此为契机,结合农村集体产权制度改革,积极探索创新,强化监督指导,有效地促进了村级集体经济发展壮大,初步建立"权属清晰、责权明确、管理科学、运行规范"的村级集体经济组织运行框架。

一、主要创新做法

(一)抓好把舵定向,精心部署,强化领导

充分发挥县、乡、村三级党组织作用,全面构建上下联动的管理协调机制,紧盯发展壮大村级集体经济项目的申报评审、过程管理和财务监管等重点环节,坚持做到"三个加强"。一是加强重视程度。县委、县政府主要领导多次召开专题会议,研究和调研发展壮大村级集体经济工作,专题研究制定方案、股权配置、收益分配等事项,县委督查室每月专题督查通报工作情况,有力地推动了工作。二是加强组织领导。县委、县政府成立由县政府副县长为组长,财政局、农业农村局、自然资源局、各乡镇为成员单位的工作领导小组,实行分级负责。把扶持壮大村级集体经济工作情况纳入乡镇党委书记抓基层党建述职评议考核的重要内容,压实乡村两级党组织主体责任,形成工作合力。三是加强规划引领。制定了《平罗县发展壮大村级集体经济三年规划》《平罗县关于推进农村集体产权制度改革发展壮大集体经济的意见》和

《平罗县发展壮大村级集体经济资金管理办法》，对扶持村级集体经济发展思路、目标任务、重点工作、制度建设、资金监管等方面提出了建设性意见。建立村级集体经济项目入库管理机制，坚持在发展方向明确的项目中"选"、在优势特色明显的项目中"挑"、在脱贫攻坚一线的项目中"拔"，全县共入库村集体经济项目135个。

（二）抓住优势资源，因村制宜，拓宽思路

充分发挥村党组织"龙头"引领作用，全面实施零经营性收益村清零行动，做好"结合"文章。一是将发展壮大集体经济与深入挖掘农村发展潜力相结合。紧紧围绕各村资源禀赋，有效盘活资源资产，认真分析和研究本村的地理、资源、环境等有利条件，一村一策科学谋划确定发展主线。二是把发展壮大村级集体经济与深化农村改革相结合。紧抓农村改革试点契机，探索集体经营性建设用地"多元"入市机制、"一户一田"经营机制等，有效盘活农村闲置土地资源，实现村集体和农民"双增双赢"。通过建立农村集体经营性建设用地差别化土地增值收益分配机制，完成入市交易132宗1122亩，村集体分享土地增值收益2169万元。三是把发展壮大村级集体经济与做强做特三大产业相结合。紧紧围绕县委确定的现代畜牧、优质瓜菜、特色制种"三大优势产业"布局，把村集体经济组织作为发展优势特色产业的新型经营主体，通过村集体带动、引领，持续调优种养结构、调大经营规模、调长产业链条，走高质量发展的路子。

（三）抓实保障措施，多措并举，形成合力

一是建立联席机制。由县委农办牵头，县委组织部、财政局、农业农村局、发改局、审计局、乡村振兴

村集体经济组织成员领到股份分红

服务中心为成员单位建立工作联席协调机制。二是强化能力培训提升。对全县各乡镇党委书记、相关部门负责人以及被确定为项目村的支部书记或村主任进行培训,对村级产业突出、有一定基础和发展潜力的项目村,优先安排村干部外出培训,近3年分批次组织村党组织书记培训9批次440人次,全面开阔村党组织书记视野,以观念升级带动发展能力、服务能力升级。三是建立激励机制。将村集体经济收入作为村党组织评星定级的重要评价指标,把村干部任职补贴与村党组织星级评定结果挂钩,2021年村干部平均任职补贴每月达到3785元,五星级村党组织书记任职补贴每月达5069元。出台发展壮大村级集体经济激励政策,明确规定盘活村集体资源性资产且年经营性净收益在5万元以上的村,可提取净收益的8%作为享受任职补贴的村"两委"班子成员的补助资金。2017—2021年兑现奖补400.06万元。

(四)抓紧规范管理,强化督导,稳妥推进

严格按照"以增强村级集体经济实力为目标,增强村集体自我发展、自我服务、自我管理能力和水平"的要求,强化监督指导,规范项目管理。项目实施方案一经备案则不得随意变更项目内容和资金使用范围。在项目实施过程中,严格落实财经法律法规及财务管理制度,全面执行村干部离任审计、年度审计和重大工程项目审计,加强农村集体资产监督,规范农村集体资产管理。3年来先后组织对2019年以来的项目执行情况、财务收支情况进行督查指导、评估5次,整改共性问题12个、个性问题6个。2021年聘请第三方对2019年以来的项目进行了专项审计评估。在项目资金使用中没有出现挤占、挪用、截留、滞留资金以及趴窝蹲账、拒不支付的情况。

二、取得的成效

(一)增加了村级集体经济收入

通过支部带动、产业推动、项目促动、党员联动,不断丰富壮大村级集体经济手段、增加村级集体经济总量,改善村级集体经济结构。截至2021年年底,全县144个村集体经营性收益5万~10万元以上的34个,10万~20万元以上的62个,20万~50万元以上的29个,50万~100万元以上的19个。集体经营性收益5万元以上的村比2018年增长了70%;经营性收益10万元以上的村比2018年增长了59%。

村集体经济组织收益分红促农增收

(二)建立了村集体治理机制

积极探索政经分离,144个村委会和村集体经济组织实行了分账管理,明确了农村集体经济组织市场主体地位,激活了村集体经济组织自我发展的内生动力。同时,采取村村联建、村企联建党组织等方式,把党组织建立在农业产业链和新型经营主体上,144个村全部通过法定程序由村党组织负责人担任集体经济组织负责人。平罗县发展壮大村级集体经济经验做法成功入围"献礼建党百年'基层党建与民生发展'优秀案例"。

(三)促进了特色产业发展

紧紧围绕县委确定的优势特色产业选择集体经济发展项目,通过村集体引领助推优势特色产业发展,持续调优种养结构、调大经营规模、调长产业链条,有效地促进了优势特色产业提质增效。2021年全县打造300亩以上优质粮食和瓜菜园区90个,建成畜禽养殖场109个,全县规模以上农产品加工企业253家,农产品加工转化率达68%。

(四)带动了农民增收

通过发展壮大村级集体经济,由村集体领办经济实体,发展优势特色产业,即可吸纳农村劳动力务工,增加农民劳务收入,又可带动周边农户发展优势特色产业,增加经营性收入。同时农户还可获得村集体股权分红收益,增加财产性收入。近3年来，全县共有18个村集体经济组织进行了分红，累计分红金额达到1060万元，最高每股分红450元。2021年农民人均可支配收入18984元，连续3年增长幅度在8.5%以上。

(五)村级党组织"领头雁"作用逐步体现

村党支部书记通过法定程序兼任村集体经济组织负责人，从制度设计上强化了党组织的引领作用。凡是村集体经济组织涉及重点项目实施、重大资金支出等事宜，必须按照"四议两公开"程序，首先经过村党支部会议研究决定，村级党组织在引领发展壮大集体经济中的领导核心地位逐步强化。同时，通过村党支部引领集体经济发展，增加农民分红收益，支持发展村集体公益事业，使广大农民群众享受到了发展的红利，村党支部的凝聚力、群众满意度也得到了明显提升。

壮大村级集体经济发展情况及思路

——平罗县城关镇沿河村发展壮大村级集体经济典型案例

城关镇沿河村地处平罗县城以南5公里,村域面积7.2平方公里,全村共有9个村民小组,人口1669人,耕地面积6653亩,设施农业是本村的优势主导产业。蔬菜面积2600亩左右,其中,设施农业面积共计2100亩,包括设施农业园区内大棚1700亩,育苗大棚20座。村合作经济组织1个,村内家庭农场5个。蔬菜面积占全村总耕地面积的39%。2018年以前,村集体经济收入9700元,2019年,沿河村成立村集体股份合作社,争取壮大村级集体经济项目资金100万元,在沿河村维修日光节能温室21座,解决就业岗位80个,带动本村村民年人均增收1000元以上,村集体经济总收入98000元,其中设施农业收入88000元。

一、做法及思路

随着国家乡村振兴战略的实施,结合沿河村设施农业产业优势,积极引进项目发展集体经济,促动乡村振兴。

一是争取到自治区级设施农业改造提升财政奖补项目,项目投资100万元。通过项目的实施对14座日光温室设施进行改造提升,以租赁的形式增加村集体收入,解决农村剩余劳动力。计划3期共改造提升64座。其中,一期14座,二期25座,三期25座。

二是充分利用沿河村靠近城关镇南门蔬菜批发市场的地理优势,争取到国家级100吨农产品保鲜冷链项目,项目投资17.5万元。通过项目的实施,盘活沿河六队多年闲置的设施农用地22亩,增加集体收入,同时彻底改善环境卫生死角。计划3期共建设冷链1000吨,建设加工包装车间600平方米。

三是探索多种运行模式发展壮大村级集体经济。模式一:村集体对项目实施的温室进行对外发包。依据最近 3 年温室市场承包价,每平方米承包费 60~70 元,3 年实施项目建设的 64 座温室总承包费 23.6 万~27.5 万元。模式二:村集体经济股份合作社+专业合作社+温室经营户。实施专业合作社示范带动,周边温室经营户参与,订单销售,通过冷链储藏、烘干包装,延长产业链条。实施股份量化,经营管理上实现所有权与经营权分离,实现集体资产多种形式的保值增值。模式三:温室、冷链及土地等固定资产产权属村集体所有,专业合作社承包自主经营。

二、社会效益及经济效益

(一)社会效益

通过项目实施,可逐步提升农业产业化水平,对发展农村农业经济,调整农村经济结构,促进城关镇地方经济发展,引导农民发展农产品增值,提高产品上规模、上档次都起着积极的促进作用。进一步推进当地"菜篮子"工程建设,提高冬春季蔬菜生产能力,满足城乡居民对"菜篮子"产品日益增长的需求,进一步做大做强城关镇蔬菜产业,加强生产基地基础设施建设,改善蔬菜生产基础条件,通过反季节无公害蔬菜销售,把市场衔接起来,在更大的范围内互通有无,调剂余缺,从而平抑物价,保障供给,维护生产者和消费者利益。

(二)经济效益

每亩日光温室可实现净产值 2.1 万元,其中,经营户每亩收益 1.55 万~1.62 万元,集体经济每亩收益达 0.48 万~0.55 万元,实现了村集体与农户双赢的局面。

依托优势特色产业 发展壮大集体经济
——平罗县崇岗镇常青村发展壮大村级集体经济典型案例

常青村位于崇岗镇西南部，全村共 8 个生产小组，551 户 1678 人，党员 44 名。全村农用地 9821.1 亩，山坡荒地 10392 亩，一直以种植小麦、玉米等传统农作物为主。近年来，常青村始终把发展壮大村级集体经济作为夯实基层党组织执政基础的政治任务来抓，坚持基层党建引领，从村级经济基础、产业特点、资源条件等实际情况出发，抓住优势资源，因村制宜，积极探索扶持壮大村级集体经济发展的有效实现形式，为实施乡村振兴战略、全面建成小康社会奠定坚实基础。2021 年村集体经营性收益 16.3 万元。

2017 年，常青村打破传统思维定式，通过多次考察、论证，从外地引进红树莓种植技术，试验种植 80 亩。2019 年，常青村依托红树莓特色种植产业园，申请自治区发展壮大村级集体经济项目资金 100 万元，建设常青村红树莓冻干果加工及冷藏基地，新建加工车间 200 平方米，硬化场地 704 平方米，购置真空冻干机、速冻库、低温真空打粉机、真空包装机、清洗槽等冻干设备一套。基础设施建成后，采取"股份经济合作社+家庭农场+农户"的新型农业合作经营形式，由平罗县永宏家庭农场与股份经济合作社签订基础设施租赁协议，农场自主经营，每年向合作社缴纳租赁费。项目建成运营后村集体每年可以获得租金收益 5 万元。2020 年，常青村计划整合资金，计划在原有项目基础上续建 292 平方米食品生产及无菌车间、产品展厅、管理用房等基础设施，形成集加工、冷藏、展示、电商销售为一体的标准化红树莓产品深加工产业链，预期年收益可达 30 万元以上，真正实现红树莓加工、冷藏及销售一条龙生产经营模式。

通过发展精品红树莓种植加工产业，引领带动全村党员群众扩大红树莓种植基地规模,目前红树莓种植面积已达300余亩,每亩收益均达到6000元左右,加快了群众增收致富的步伐,村集体经济实现了"输血"变"造血"。同时利用冻干设备发展红树莓冻干粉加工销售等,带动常青村30多名妇女实现就近务工,引领周边农户主动参与发展红树莓产业,拓宽农民就业和增收渠道,让群众共享集体经济发展成果,实现集体经济健康持续发展。与此同时,常青村依托贺兰山人文资源的地域优势,大力发展集现代休闲农业、观光旅游、生态农庄于一体的乡村旅游业,促进一、二、三产业融合,推进田园综合体建设。先后投资440余万元,聚力建设常青村美丽村庄建设项目,打造了3600米的"贺兰山岩画"特色文化围墙,村庄环境脏乱差突出问题得到有效治理,村容村貌得到进一步改善,垃圾堆变凉亭,土路修成林荫小道。依托红树莓产业优势,引导本村及110国道周边农户发展红树莓等经果林采摘、农家休闲园等,发展"采摘+餐饮""采摘+休闲观光"等多种业态,将常青村红树莓采摘园打造成集观光旅游、农事体验的首选之地,形成"以景引人,聚人兴业"的发展模式,实现了发展壮大集体经济和促进产业发展、带动农民增收目标。

增强经济发展动力　助推乡村振兴

——平罗县高仁乡八顷村发展壮大村级集体经济典型案例

平罗县八顷村位于高仁乡最南端,与兴庆区月牙湖乡接壤,辖6个村民小组,全村604户1665人。所辖面积42平方公里,其中集体耕地面积7300亩,主要种植小麦、玉米、水稻。八顷村集体经济合作社成立于2019年5月,经营范围包括集体资产管理与经营、集体资源开发与利用、农业生产发展与服务、财务管理与收益分配等,成立后主要从事农机社会化服务。近年来,八顷村以盛华阳光产业园区与乐牧高仁两大养殖基地为主要依托,紧紧围绕园区消费市场,提供相关生产生活配套服务,逐步形成"支部+合作社+企业+农户"的发展模式,盘活村集体资源,壮大村级集体经济,带动农民增加收入。

一、挖掘资源禀赋,开展农机社会化服务

八顷村凭借毗邻盛华阳光产业园区和乐牧高仁地域优势,立足本村实际情况,通过多次实地考察和研究讨论,着力发展农机社会化服务,依托区级壮大村级集体项目资金100万元,收回市级壮大村级集体项目资金35万元,先后购置青储机、大型1404拖拉机、打捆机、激光平地仪、犁具、铲车等机械设备10余台,为周边养殖园区和企业提供饲草收储、配送等社会化服务。2021年实现经营收入275万元,经营收益21.6万元,合作社经济效益稳步提升。

二、扩大经营范围,拓宽增收渠道

八顷村不断摸索丰富壮大村级集体经济发展形式,多渠道稳定经营收入来源。由于八顷村相较于高仁乡其他村组集体耕地面积总量小,人均耕地面积约4.5亩(高仁乡人均耕地面积7亩),外出务工人员较多。为进一步解决人员就近就业,稳定农村生产生活秩序,八顷村于2021年12月成立八顷村农机专业合作社,增加"劳务经济"经营范围,针对盛华阳光产业园区及中电科垃坂处理、主干道路环境卫生等提供物业服务及劳务派遣。目前双方基本达成合作意向,正在商讨具体合作模式。

三、盘活闲置资产,培育经济增长点

八顷村小学原来由鲁川工贸有限公司承租,但近几年场地闲置、荒废,经过乡政府与鲁川工贸有限公司多次协商,最终由村集体将八顷村小学场地收回。八顷村计划利用闲置学校,谋划发展饲草深加工流通配送服务项目,预计投入资金323万元,建设饲草仓储棚、玉米、谷物压片车间5座,硬化场地3300平方米;购置饲草加工设备,谷物、玉米压片主机及配套设备。目前小学场地已硬化550平方米,搭建彩钢棚1000平方米,并积极申报2022年市级支农项目和2022年少数民族发展拟建项目,逐步打造河东地区玉米压片场,为河东地区畜牧发展提供饲草深加工及配送服务,培育村集体经济新的增长点。

发挥资源优势　实现集体经济发展新突破

——平罗县高仁乡东沙村发展壮大村级集体经济典型案例

东沙村位于平罗县高仁乡东北部,下辖6个村民小组445户1774人,耕地面积13448.82亩,人均拥有耕地7.58亩,土地资源丰富、灌溉条件便利。2019年以来,东沙村坚持"因地制宜、突出重点"的发展方向,立足实际情况,开发利用现有资源,推动本村集体经济发展。

一、坚持党建引领,把准发展方向

东沙村以党建引领产业富民为目标,充分发挥基层党组织的战斗堡垒作用,着力破解本村集体经济发展乏力、缺乏特色产业带动群众致富增收等"瓶颈",创新"党建+产业发展、党建+群众增收、党建+人才培养"等模式,将党建与经济发展有机结合起来,探索多种模式发展壮大村级集体经济。采取党支部引领合作社、合作社发展特色产业、特色产业促进群众增收的方式,打造"党支部—合作社—产业—群众"的联动链条,将党支部的政治优势、组织优势同合作社的经济优势以及群众的能动性相结合,构建村集体与农民群众新的经济联结纽带。2021年,共带动本村及周边农村剩余劳动力300余人次就近务工创收,让村民实现就业不出村,致富有渠道。

二、创新发展路径,提升"造血"功能

一是依托扶持壮大村级集体经济项目,改造维修废旧粮库,用于开展小麦、玉米等作物和各类农资的收购经销,建设彩钢结构仓储棚392平方米、混凝土晾晒场地3980平方米,维修房屋8间;利用项目资金购买自走式打药机,采取"自营+租赁"的方式,一方面由村集体在本乡进行农田封闭打药、防治玉米病虫害等有偿作业,另一方面租赁给有需要的种植大户获得租金收入,通过发挥项目资金的"酵母"作用,2021年实现经营收益25.4万元。二是将中药

材种植作为实现群众脱贫增收的主要产业,立足实际合理布局,建设药材种植基地,发展订单农业,与安徽亳州彦淞农业公司签订中药材种植及回购协议,引导农户种植白术、白芍等药材,基地现种植白术44亩、白芍56亩。三是开展农业生产托管服务试点项目,按照"党支部+合作社+公司+基地+农户"的生产经营模式,托管农户土地830亩,由合作社负责日常生产作业与管理,对托管土地开展全方位一条龙生产服务管理。

三、强化资产管理,护航发展成果

一是实行会计委托代理服务,由代理会计负责东沙村集体经济资金收支、财务记账、会计档案管理、提供报表信息等工作,按照法规、制度监督合作社财务活动,确保集体资产的安全、保值、增值。二是规范村级财务管理,在村级集体经济发展过程中,严格落实重大事项"四议两公开"议事程序,规范票据管理、严格资金审批、定期开展台账监测,为集体经济健康发展打下坚实的基础。三是严格落实村级财务公开制度,凡涉及村集体经济的开支、土地流转等内容,均通过"村廉通"信息化村务公开平台以短信形式向村监会、村民代表及相关人员进行公示公开,以村民易于接受和理解的方式给村民看"明白账",切实保障群众的知情权、参与权、表达权、监督权,进一步加强村级财务公开、透明化。

强抓党建领发展　壮大产业促增收

——平罗县红崖子乡红翔新村发展壮大村级集体经济典型案例

平罗县红崖子乡红翔新村是"十一五"生态移民集中安置村,2009年由从泾源、隆德、海原、原州区4个县区12个行政村搬迁来的移民组成,现有568户2334人。近年来,红翔新村强化基层党组织建设,加大基础设施投入,实现基层党建与脱贫攻坚的"双推互进",创新发展思路,培育特色产业,发展壮大村级集体经济。2021年村集体经济经营性收益达38.44万元,农民人均可支配收入1.5万元,整村实现了脱贫出列。

一、红翔新村的主要做法

(一)抓堡垒,促发展,谋划产业"无中生有"

"农村富不富,关键看支部",基层党组的"战斗堡垒"作用非常关键。红翔新村党支部紧紧围绕"抓党员,抓能人,带群众,树模范"的思路,通过积极参加培训,组织外出考察,培养经营管理能人,发挥村党支部的堡垒作用,提升村集体经济组织经营管理能力,推动产业发展。针对红翔新村耕地面积少,无优势特色产业的现状,村党支部"无中生有",投资586万元,谋划建设红翔新村菌菇基地,总占地面积137亩,新建菌棚46座,其中发菌棚12座,出菇棚34座。建成后部分由村集体自主经营,部分租赁给建档立卡户,既增加了村集体收入,也带动了建档立卡户脱贫。菌菇园区每年可产香菇20万棒、平菇20万棒,每年可为村集体增加收益10万元,带动26户建档立卡户脱贫。

(二)抓引领,促带动,引导产业"稳中向好"

为扩大产业发展规模,带领群众积极参与产业发展,红翔新村党支部通过召开村民动员会,举办培训班、学政策、学技术、绘前景,发动村干部入户给农户做思想工作,提升农户发展菌菇产业的积极性,全村参与菌菇产业的农户达60多户。同时,引进石嘴山君鑫胜食用菌种植有限公司带着农户种,为农户提供技术服务和指导,引导农户在扩大基地规模的同时,提高种植水平,稳步开拓市场,使菌菇产业不断稳步发展,经济效益不断提升。每年每座棚可产生收益3000元以上,菌菇基地直接带动长期务工人员30人左右,每人每年可实现劳务收入3.6万元。

(三)抓技术,强管理,促进产业"提质增效"

党支部坚持"授人以鱼不如授人以渔"原则,大力组织学习种植技术,培养"土专家""田秀才",因地制宜进行技术突破,成功实现由购买菌棒向自己栽培菌棒转变,大幅降低了种植生产成本,提高了种植收益。同时,按照"党支部+基地+合作社+农户"的模式,由村党支部和集体经济组织牵头协调,农户具体负责基地,合作社统一提供菌棒、技术指导和协助产品销售等社会化服务,既提升了基地的技术水平,也实现了产销衔接,提高了菌菇生产效益,增加了集体和农户收入,带动更多农民群众脱贫致富。

二、在强党建领发展、抓产业促增收中,红翔新村的认识

(一)发展壮大村级集体经济,加强组织建设是保障

抓好农村集体产权制度改革和农村集体经济发展,村党组织要切实担负起"领头人"的政治责任,要强化核心地位,增强管理经营本领,引领改革和发展。要通过乡村换届、各级各类培训、组织外出考察等方式,有力提升村干部特别是村党支部书记的工作能力,切实培养一批在抓发展、抓建设方面有魄力、有方法、懂管理、会经营的干部,真正做到建设一个好班子、带出一支好队伍,不断提高基层党组织的凝聚力、号召力和战斗力,凝心聚力推进农村集体产权制度改革和村集体经济发展壮大。

(二)发展壮大村级集体经济,必须坚持因地制宜找好路子

集体经济的发展,只有结合各村实际,因地制宜,选好路子,才能取得长远的发展和突破。红翔新村充分认识到自己的优势和短板,放眼市场,大胆探索,选准了菌菇产业、沙漠瓜菜和肉牛养殖业,并持之以恒,着眼于"短中长"期3个目标,整体规划,先易后难,循序渐进,一任接着一任干,一环扣一环地推动,一步接一步地落实,村级集体经济才能不断得到持续发展壮大。

(三)发展壮大村级集体经济,必须用好收益发挥作用

解决"有钱办事"的问题,是发展壮大村级集体经济的最终目的。在发展壮大集体经济中,不仅要帮助村集体发展集体经济,增加经济收入,更要注重和加强后续管理,指导两委班子合理安排和使用村集体经济收益,真正把收益用于为群众办实事、解难事,用于增加农民的集体收益分配收入,最大限度地发挥其作用,让广大村民真正享受改革发展成果,获得感和幸福感大大提升,村党组织的凝聚力、号召力才能明显增强。

发展蔬菜产业　增加集体收入

——平罗县灵沙乡西灵村发展壮大村级集体经济典型案例

　　平罗县灵沙乡西灵村地处灵沙乡西侧3公里,东临灵沙乡灵沙村,西接黄渠桥镇联丰村,南接灵沙乡光明村,北接灵沙乡先锋村,下辖8个村民小组,671户2302人,移民27户122人。现有党员53名,为新晋三星级党组织。全村现有耕地面积6700亩,农业特色产业以粮食种植和牛羊养殖为主。2018年以来,村集体争取扶贫产业和发展壮大集体经济项目资金,开始发展蔬菜产业,有力地拓宽了集体经济收入增加渠道。2021年村集体经营性收益35万元。

　　2019年,西灵村针对自身发展能力不强,缺乏特色优势主导产业的问题,大力实施"两个带头人"工程,发挥村党组织引领产业发展作用,开始发展设施蔬菜产业。村集体积极争取财政扶持发展壮大村级集体经济项目资金100万元,自筹资金50万元,吸纳村干部和部分党员出资16万元,采取"风险共担、利益共享、按股分红"的模式,牵头创办了平罗县灵西农副产品专业合作社。2019年年底,合作社利用扶持壮大村级集体经济项目资金100万元,新建四级蔬菜大棚4座,种植西红柿和甜瓜,每年两茬,纯收入达到8万元。2020年,合作社流转土地100亩用于种植露地芹菜、番茄、莲花菜等作物,引进客商开发20亩酒高粱种植观赏基地,引导本乡种植大户种植山东引进的药材栝楼子12亩,年底村集体经济收入达到12万元。在生产中,合作社聘请具有丰富种植经验的"土专家"负责设施蔬菜种植的技术指导和服务,确保种植技术措施到位。同时,西灵村将农村人居环境整治和发展壮大村级集体经济有机结合,积极争取,多方筹措资金,实施道路硬化、环境卫生整治、危旧房拆除、五三支沟环境卫生整治、灵黄路绿化工程、美丽村庄建设等项目,全面提升基础设施建设,西灵村脏、乱、差状况得到有效治理,人居环境明显改善。结合环境卫生整治,打造出一条"村主干道—灵黄路海棠、国槐林带—插花移民蔬菜大棚—露地蔬菜种植园区"的景观线路,发展休闲观光农业,增加集体收入。

在合作社运营管理中,西灵村将合作社的收益和村干部以及党员的利益紧密挂钩,以无职党员设岗定责为抓手,开展"亮身份、争上岗"活动,充分发挥党员在示范引领、扶贫帮困、产业发展中的带动作用,提高了村干部和党员发展壮大集体经济的积极性。发展蔬菜产业的贫困户也实现户均增收近2000元。通过村集体引领发展设施蔬菜产业,从"做给群众看"到"带着群众干",增加了村集体收入,带动了本地农户发展蔬菜产业,每年可吸纳周边劳动力100余人,促进了农民增收。

深化产权制度改革 共享改革发展红利
——平罗县崇岗镇崇岗村发展壮大村级集体经济典型案例

崇岗镇崇岗村位于贺兰山东麓,坐落于"太西煤"的集散地汝箕沟口出山口处,距平罗县城45公里、火车站25公里,110国道、银汝路、姚汝路穿境而过。全村辖5个村民组,358户,村集体经济成员1150人,现有耕地2637亩。近几年建设了物流市场50亩、砂石厂20亩、小水沟水库40亩。村集体资产1350万元,人均纯收入15600元。

2017年,崇岗村抢抓农村改革机遇,依托本村得天独厚的水资源优势,以原有供水公司资产评估的202万元资金为基础,以发展壮大村级集体经济200万元扶持资金和村委会自筹40万元为启动资金,成立了崇岗农业供水服务专业合作社,在充分尊重农民群众意愿的基础上,按照依法依规、透明公平、民主公开、市场化运作模式,不断发展壮大村级集体经济。

一、崇岗村的主要做法

(一)激发活力,集智聚力

发展村级集体经济,关键是要有一个好班子,特别是懂经营、善管理、发展集体经济意识强的带头人。崇岗村多方筹集资金,合理规划和设计培训,有针对性地开展提升村"两委"班子办事能力建设、管理人员管理制度和产业技能等方面的培训,不断提高村干部和管理人员适应市场、发展集体经济的能力,增强村集体自身"造血"功能。

(二)把握政策,盘活资源

崇岗村自然资源得天独厚,小水沟加机井总出水量每天达到13000立方米,为供水股份合作社的成立提供了资源支持。崇岗村"两委"班子依托本村水资源优势,紧抓崇岗镇新镇区建设的良好机遇,通过政策扶持、产业带动、股份合作的方式,对供水公司进行改扩建,积极扩展业务、扩大经营范围,充分发挥效益,不断增强村级集体经济自身的"造血"功能和综合实力。

(三)打破瓶颈,广开思路

发展壮大村级集体经济,仅仅依靠原来的老路,显然是不够的,只有创新发展思路,才能让村级集体经济更好更快地发展起来。崇岗村借助扶持发展壮大村级集体经济项目,依据自身优势,项目扩建后可为400多家企业和1万人提供企业用水和生活用水,每方水利润为1.1元,预计每年供水250万立方米,每年可实现利润280万元,不论是税前还是税后,其财务内部收益率均高于行业基准收益率。

(四)突出改革,共享红利

坚持以增加村级集体经济实力,与广大群众共享发展改革红利为目标,紧密结合农村改革,对村集体供水公司进行资产评估,按照"资产折股、量化到人、固化股权、按股分红"的方法,对集体资产进行股权量化和股权分配,全村认定集体经济组织成员1150人,集体资产量化2347股,其中集体股、成员股每股股值1880元,年底按股权占有比例进行分红。依托平罗县崇岗农业供水服务专业合作社,解决失地农民再就业13人,2017年以来,崇岗村连续3年集体经营性收益达到80万元以上,农民每年人均分红达到400元以上,使村民真正享受到农村集体经营性资产股份制改革带来的"红利"。

二、通过实践探索崇岗村的认识

(一)发展壮大村级集体经济,要立足自身实际,确立因地制宜的发展思路

因实际情况不一样,自身优势和劣势不一样,地域条件差异较大,经济发展水平不相同,所以必须因地制宜、分类指导,根据不同的实际情况选择不同的发展模式,在农村集体经济发展中,坚持从村情出发,辩证看待优势劣势,做好扬长补短的基础性工作。崇岗村正是充分利用村集体水资源优势,因势利导,确定了供水服务的经营项目,实现了村集体增收。

(二)发展壮大村级集体经济,要转变思想观念,提升广大农民群众的参与度和监督率

加大对村民的培训和教育力度,通过远程教育、技术培训、现场教授等方

式,转变农民观念,尤其是要加大村干部、党员干部的教育培训,通过教育使广大农民群众认识到发展壮大村级集体经济的重要意义和对农民增收致富的重要作用,积极参与发展壮大村级集体经济活动,发挥主人翁作用。同时要加快发展农村集体经济合作组织,适应发展现代农业,推进农业规模化、集约化、产业化的趋势,采取多种合作组织形式,为村级集体经济发展提供服务,解决具体问题,以有偿、微利的服务方式增加集体经济收入。

（三）发展壮大村级集体经济,要加强基层党组织建设,发挥基层党组织引领作用

实践证明,农村的发展一刻也离不开党的领导。在加快村级集体经济发展的过程中,每一次重大决策的实施,都有基层党组织的论证和引导,每一项主导产业的发展,都有基层党组织成员的动员和组织,因此要切实加强以党组织为核心的基层组织建设,选好配强村"两委"班子,把有经营头脑、有致富本领、有奉献精神、有民主作风、有群众基础的农村优秀人才选拔到村"两委"班子中,不断加强村"两委"班子带头致富能力、产业经营能力、创新机制能力。崇岗村在发展壮大集体经济中,通过不断加强基层党组织建设,将党组织负责人培养成集体经济合作社的负责人,并通过能力提升工程,有力地提升了村集体经济组织发展壮大集体经济的能力和水平。

支部领航走新路　群雁齐飞促发展

——平罗县通伏乡新丰村发展壮大村级集体经济典型案例

"村民富不富,关键看支部;村子强不强,要看领头羊。"近年来,平罗县通伏乡新丰村党支部坚持把扶持壮大村级集体经济作为提升党支部组织力、引领群众共同致富和乡村振兴的重要抓手,结合产权制度改革和美丽乡村建设,落实村级事务民主管理制度,配好班子、选准项目,为发展壮大村级集体经济提供了人才、环境和资金保障,探索出农村"资源变股权,资金变股金,农民变股民"的发展新模式。新丰村现为五星级党支部,2021年,全村人均可支配收入20180元,集体经营性纯收入43.7万元,荣获建党100周年全区先进基层党组织。

一、配强支部班子,优化骨干力量

一名党员就是一面旗帜,一个支部就是一座堡垒,新丰村党支部始终坚持"一茬接着一茬干　一张蓝图绘到底"的实干精神,积极发扬"头雁领航群雁齐飞"示范带头作用,大力实施"两个带头人"工程,先后把5名表现突出的致富带头人培养发展为党员。将甘奉献、有能力、懂经营、高学历、年轻化的3名党员致富带头人列为村级后备力量培养,有2人进入村"两委"班子。头雁带对方向,群雁才能振翅高飞;头雁迎风奋力,群雁才会协力向前。这些"能工巧匠""行家里手",根据新丰村的实际情况量身定制村里"发展计划",找症结、寻良方、补短板,带着群众一起奔小康。

二、选对发展路子,力促粮食增收

新丰村种植结构单一,传统的粗放型种植模式极大地限制了土地的产出率和附加值。产业强,才能百业兴。村党支部念好"稻子"经,做好"合作社"文章,找准"药引子",开出好"方子",将党组织建在产业链上、党员聚在产业链上,合作社延链、能人补链、堡垒强链,组织农民跟着党组织走、跟着市场走,新丰村产业迸发出勃勃生机。一是在优粮种植上下功夫。因地制宜结合通伏乡水稻特色产业实际,依托平罗县地处富硒区域优势,发展绿色、无公害水稻种植,以宁粳43号为优质水稻品种,通过探索林间养鸡、边沟养鱼、田间养鸭的立体种养殖模式,充分利用种植养殖资源,为增产增收高质量富硒水稻提供坚实基础。近年来,在党支部大力引领下,新丰村种植大户及致富能手纷纷响应,积极投入到高质量富硒水稻种植队伍当中,目前建成连片4000亩"稻渔综合种养"优粮种植示范园区,平均年增收120万元。二是在生产加工上做文章,为进一步盘活发展思路,拓宽增收渠道,新丰村党支部精准发力,补全发展产业链,利用现有资源,整合各类资金共计700余万元,注册成立了集体合作社,建成合作社大米加工车间,相继配备了农机具库房、标准化晒场、科学储粮仓、田间学校等基础设施,年生产优质大米近600吨,全力打造新丰村金稻香大米品牌。三是在销售模式上找路子,随着品牌效应不断增强,市场需求量也在不断增加,截至目前,销售范围延伸至浙江、上海、北京等一线城市,并且与贺东葡萄庄园达成长期合作协议,年销售量达200吨,累计销售金额100余万元,经营性收入20余万元,但单一线下销售模式已经无法满足市场需求,为进一步扩大销售市场,新丰村党支部积极研究应对措施,2022年着力打造电商平台,通过线上线下销售相结合的模式,全力推广新丰村金稻香优质大米,真正将新丰村金稻香大米品牌做大做强。

三、过好火红日子,共享发展红利

村集体产业有了,经济活了,发展强了,为民办实事的能力提升了。在村党支部的引领下,村里先后整合了资源,建成了便民服务室、老饭桌、卫生室、文体活动广场,为老百姓提供了各类服务场所,开展便民服务工作;利用五一、十一等节假日,组织对困难党员及困难群众进行走访慰问,每季度为其提供免费理发服务;开展为移民种(收)稻子、修房子、谋路子活动,为搬迁移民进行平田整地和播种工作,帮助移民和困难群众改善生产生活条件。同时迎着乡村振兴的"东风",新丰村党支部积极争取"美丽家园"建设项目,通过把美丽家园建设与村庄规划、产业发展规划、土地利用规划相衔接,突出"一村一品""一村一景""一村一韵"的建设主题,结合田园综合体建设项目,进一步完善基础设施建设、绿化美化村庄,开展农户改厕、改水及污水处理。路通了、渠顺了,群众的收益高了、邻里家庭和睦了,党组织"凝聚党员、凝聚群众、凝聚社会"的作用发挥了,党组织在老百姓心中的公信力增强了,村干部成了群众的"贴心人",村党支部成了群众的主心骨。

创新生产经营模式　壮大村级集体经济

——平罗县姚伏镇发展壮大村级集体经济典型案例

平罗县姚伏镇坚持以党建统领"一强三创"行动为统揽,抢抓农村"三变"改革机遇,探索推行"党组织总统领、村集体全参与、合作社帮联带"的党组织抱团发展壮大村级集体经济新模式,着力破解制约村级集体经济发展的瓶颈,不断增强基层党组织引领村集体经济发展的内生动力。

一、总体情况

姚伏镇位于平罗县南部,距离平罗县中心20公里。全镇总面积290平方公里,其中,镇域面积2.4平方公里,耕地面积10.5万亩。辖18个行政村,3个社区,126个村民小组,人口约3.2万人。近年来,村级集体经济积累严重不足,缺乏有力的产业承接主体,群众参与发展村集体经济的意识不强,土地等村集体资源没有充分盘活,村级集体经济薄弱、发展后劲不足……这些问题成为影响村级公益事业发展、改善村级办公条件、提高村干部报酬待遇、解决村级无钱办事问题的瓶颈,更是制约脱贫攻坚的短板。2016年以来,姚伏镇党委充分认识发展壮大村级集体经济是实现乡村振兴的必由之路,是助推贫困群众持续性增收的有效路径,在充分调研论证的基础上,探索推行"党组织总统领、村集体全参与、合作社帮联带"的党组织抱团发展集体经济新模式,有力地助推了村集体经济发展壮大。

二、主要做法

(一)坚持党组织总统领,为发展壮大集体经济提供有力指导服务

姚伏镇党委针对村级集体经济发展"缺企业带动、缺产业支撑、缺收入来源"三大难题,认真学习借鉴外地农村"三变"改革成功经验,在多方考察调研的基础上,明确了"创办实体、抱团经营、入股分红"发展思路,并引导小店子

村党支部牵头成立小店子金福源农业专业合作社,引进出米高、整精好、口感好的富硒大米作为村集体经济增收主导产业、引导曙光村村党支部牵头成立平罗县村赢农业发展专业合作社,引进越夏番茄、芹菜、香菜作为村集体经济增收主导产业。

(二)选好班长配强队伍,为发展壮大村级集体经济实现富民强村提供人才保证

姚伏镇在选拔农村基层干部时,坚持"靠得住、有本事、群众公认"的原则,把政治坚定,思维活跃,能带领群众致富的经济能人选拔到村级基层组织中来,着力打造一个"朝气蓬勃、奋发有为"的村集体领导班子。如曙光村党支部书记魏建云等,是群众推选上来的具有高中学历的党员致富带头人。近年来,他不但自己搞休闲农业,还带领村集体发展设施蔬菜种植,增加集体经济收入。同时,通过举办各种类型的培训班,把理论和实践相结合,提高村"两委"班子的经济管理水平和专业知识能力;多次组织村干部到经济发达地区、村级集体经济搞得较好的兄弟乡镇参观考察,促进他们拓宽视野,更新观念,把好的经验、好的发展路子带回来。

(三)理清思路创新模式,为壮大村级集体经济实现富民强村指明方向

镇党委要求每个村要清醒认识自身的优势和不足之处,扬长避短,力求做到"三点",即"年初有要点,年内有重点,年末有亮点"。如小店子村"两委"班子通过调查研究,决定充分发挥水稻产业优势,做大做强水稻优势产业,发展稻鱼产业和高端稻米生产,增加集体经济收入;曙光村发挥农民群众蔬菜种植的传统优势,积极发展露地和设施蔬菜种植,带动群众增收致富。同时,分类指导,着眼长远,采取"党组织+合作社+农户"的经营模式,充分发挥合作社引导群众参与、拓展产品市场、服务产业发展的作用,小店子村引导参与土地入股农户57户、入股土地近1025亩,曙光村带动54户农民以400亩土地入股的形式,建设蔬菜大棚10座,产业扶贫大棚80座,节水灌溉基地200亩,协调签订蔬菜、水稻认种协议111份,合作社争取与中粮米业、宁夏科丰种业有限公司签订订单农业销售,有效解决了投资、技术、销路等产业发展难题,降低了市场风险,保障了产业收益。

(四)盘活资产加强管理,为村级集体经济发展保驾护航

积极引导村集体发挥集体荒地资源和资产优势,通过资源资产开发、租赁、土地入股等模式,发展规模经营,提升经营效益。同时,采取项目资金入股、资源资产作价入股、保底分红等多种模式,盘活闲置资产资源,发展壮大集体经济。同时,按照村级财务委托代理管理、民主理财、村务公开等相关要求,管好集体资产。明确要求各村一定要严格执行财务管理制度,建立民主理财和财务开支审批制度,200元以上开支必须经村"两委"班子集体讨论决定,2000元以上要经过集体经济组织股东代表大会通过。每季度公开一次财务,主动接受群众监督。各村集体经济组织监事会每年要对村集体经济的收入和开支情况进行审核、监督,并将结果张榜公布,给群众一个明白。镇党委还组织了纪检、经管等站所,采取定期不定期抽查的方式,加强对村财务的监督,纠正账目不清等不良行为,防止贪污挪用、滥支乱花、大吃大喝、铺张浪费等现象发生。

三、取得的成效

通过探索推行"党组织总统领、村集体全参与、合作社帮联带"的党组织抱团发展壮大村级集体经济新模式,2016年小店子村注册成立小店子村金福源农业专业合作社,2017年曙光村注册成立平罗县村赢农业发展专业合作社,2018年高荣村注册成立了平罗县聚力果蔬产销专业合作社,通过"党组织+企业+合作社+农户"的方式运作经营,有效地盘活了农村各类资源,增加了集体经济收入,带动了农民增收。目前,姚伏镇近1000亩濒临撂荒的土地焕发生机,15000多亩良田实现规模流转,优质水稻、设施瓜菜、供港蔬菜、休闲农业等优势特色产业不断发展壮大,全镇近3万农民变成股民,村集体实现了资金变股金,资源变股权,12个村集体经济实现零的突破,集体经济收益5万元以上的村达到6个。

四、经验和启示

(一)"抱团"模式为发展壮大村级集体经济开辟了新路径

采取"党组织+合作社+农户"发展集体经济模式,建立产业型党组织,把支部建在产业链上,将能人聚在产业链上,让群众富在产业链上,实现了品牌树在产业链上,增强了产业党组织的致富带富的吸附能力,提高了抵御风险的能力,保障了集体资产增值。

(二)党组织统领是发展壮大集体经济的有力组织保障

由乡镇党委确定发展思路、统筹协调组织,村级党组织参与组织实施,合作社具体生产经营。小店子村和曙光村在村党组织的引领下,村集体获得了较好经济收益,解决了多年困扰群众的人饮和交通问题,镇村两级党组织在发展集体经济中的统领作用得到充分发挥,解决了发展集体经济"单打独斗难长久"的问题。

(三)因地制宜确定发展思路是发展壮大村级集体经济的关键所在

在社会主义市场经济条件下,要迅速发展和壮大村级集体经济,村级班子干部的市场意识和经济洞察力至关重要。思路决定出路。加快经济强村建设,增加农民收入,关键要从自身实际出发,以市场为导向,发挥自身优势,把资源优势或地缘优势变为经济优势。姚伏镇聘请专业人员对村"两委"班子负责人进行培训和指导,帮助各村因地制宜理清发展思路,确定发展项目,为发展壮大村级集体经济提供了有力的指导服务。

发展集体经济闯新路　新农村建设再起航

——平罗县姚伏镇小店子村发展壮大村级集体经济典型案例

姚伏镇小店子村位于平罗县姚伏镇南部109国道向东1公里处,辖9个村民小组,共有465户1602人,土地面积11072.06亩,耕地面积8418.07亩(含B类地3732亩)。全村以水稻、玉米、小麦种植为主,其中水稻种植面积6000余亩,是平罗县规模种植优质水稻最早的村,2019年全村农民人均可支配收入15600元。

2017年,小店子村将农村集体资产股份制改革与发展壮大村级集体经济项目相结合,按照建立"产权清晰、权责明确、保护严格、流转顺畅"的现代农村集体经济产权制度改革要求,依托本村传统种植水稻优势发展水稻种植业,以发展壮大村级集体经济200万元扶持资金为启动资金,成立了平罗县小店子金福源农业专业合作社,在充分尊重农民群众意愿的基础上,按照依法依规、透明公平、民主公开、市场化运作模式不断经营发展壮大。

一、主要做法

(一)激发活力,集智聚力

发展村级集体经济,关键是要有一个好班子,特别是懂经营、善管理、发展集体经济意识强的带头人。小店子村多方筹集资金,有针对性地开展提升村"两委"班子办事能力建设、管理人员管理制度和农业技能等方面的培训,不断提高村干部和管理人员适应市场、发展集体经济的能力,增强村集体自身"造血"功能。

(二)打破瓶颈,广开思路

发展壮大村级集体经济,仅仅依靠原来的老路,显然是不够的,只有创新发展思路,才能让村级集体经济更好更快地发展起来。小店子村借助扶持发展壮大村级集体经济项目,依据自身优势,合作社带动57户农户入股土地1025亩,先后与中粮米业、宁夏科丰种业有限公司签订水稻种植订单,辐射带动周边农户种植优质水稻5000多亩和水稻种子繁育1200多亩,为打造平罗县优质水稻种植基地,合作社注册"小店子"大米商标品牌,繁育花9、关19、605等优质水稻良种。

(三)突出改革、注重效益

坚持以增加村级集体经济实力,与广大群众共享发展改革红利为目标,紧密结合农村改革,按照清产核资、成员资格认定、股权设置管理、折股量化经营性资产等7个关键环节,小店子村认定集体经济组织成员1553人,量化资产423.23万元,设置2014股(集体占302股、成员占1712股),每股股金2101元,做到了家底清楚,产权明晰。合作社为周边农户提供机械犁地和农机深松作业服务近5000多亩,为周边农户提供运输、筛选、服务等多个就业岗位,吸纳周边农户和插花移民就近务工30余人。

二、取得的成效

2017年年底实现盈余33.74万元,村集体分红7.5万元,入股社员在获得每亩每年700元保底的基础上,实行二次分红(每亩50元),二次分红5.125万元,剩余利润作为合作社发展资金。同时合作社开展水稻种植,雇用周边剩余劳动力,增加农民劳务收入19.5万元。2018年,合作社建成稻田养鱼项目园区、水稻创高产园区,建设仓储、晒场、购置大米加工设备,通过粮食生产、加工、销售及有机水稻认购发展模式,促进一、二、三产业融合发展,提高入股农户与合作社收入,年底实现村集体盈余42.93万元。2019年,合作社建成稻田养鱼项目园区、水稻高质高效园区、水稻五优基地,通过粮食生产、加工、销售及富硒水稻认购、线上京东销售等发展模式,促进一、二、三产业融合发展,提高入股农户与合作社收入,年底实现村集体盈余66.26万元。

三、经验启示

(一)发展壮大村级集体经济,要立足自身实际,确立因地制宜的发展思路

因实际情况不一样,自身优势和劣势不一样,地域条件差异较大,经济发展水平不相同,发展集体经济的思路和模式也应不同。因此,小店子村因地

制宜，坚持从村情出发，辩证看待优势劣势，做好扬长补短的基础性工作，根据自身实际情况选择水稻生产经营，取得了较好的成效。

(二)发展壮大村级集体经济，要培养新型农民，发展农村合作经济组织

加大对村民的培训力度，通过远程教育、技术培训、现场教授等方式，培训新型农民，尤其是要加大村干部、党员干部、种养大户的培训，通过培训推广农村实用致富技术，不断提高广大农民群众的科学文化素质，争取产生一批在种植、养殖等方面的致富带头人。同时要加快发展农村集体经济组织，适应发展现代农业，推进农业规模化、集约化、产业化的趋势，采取多种合作组织形式，为村级集体经济发展提供服务，解决技术与销路问题，以有偿、微利的服务方式增加集体经济收入。

(三)发展壮大村级集体经济，要加强基层党组织建设，加强对村"两委"班子培训

实践证明，农村的发展一刻也离不开党的领导。在加快村级集体经济发展的过程中，每一次重大决策的实施，都有基层党组织的论证和引导，每一项主导产业的发展，都有基层党组织成员的动员和组织，因此要切实加强以党组织为核心的基层组织建设，选好配强村"两委"班子，把有经营头脑、有致富本领、有奉献精神、有民主作风、有群众基础的农村优秀人才选拔到村"两委"班子中，不断加强村"两委"班子带头致富能力、产业经营能力、创新机制能力，推动村级集体经济向规模化、长期化、制度化、市场化方向发展。

抢抓发展机遇 激活发展"原动力"

——平罗县陶乐镇庙庙湖村发展壮大村级集体经济典型案例

陶乐镇庙庙湖村地处平罗县东部,是平罗县"十二五"时期重点建设的生态移民安置区。2013年,从固原市西吉县8个乡镇搬迁移民共1413户7211人,搬迁时贫困发生率为53.9%。近年来,庙庙湖村坚持把发展壮大村级集体经济作为助力脱贫攻坚、实现强村富民的关键举措,采取系列措施,发展村级集体经济,截至2020年年底,村集体经济经营性收入达178.45万元,整村实现脱贫出列。

一、抓机遇,筑牢发展基石

一是抢抓精准扶贫机遇。争取3900余万元项目资金,建设扶贫车间、设施农业、肉羊、肉牛养殖园区,建立了村企、农企深度合作利益联结机制,村集体经济从无到有,从有到优,村集体每年增加36.2万元的稳定收入。二是抢抓乡村振兴机遇。流转土地新建28座6跨连体钢架大棚,引进宁夏华泰农农业科技有限公司,采取"企业+合作社+农户"模式,统一品种、统一标准、订单销售,种植西瓜、西红柿,每亩纯收入达4000余元,群众收入达到100万元,村集体年租赁收益28万元。另外,出让集体经营性建设用地,引进宁夏新丝陆服饰有限公司,土地出让金300万元,其中村集体收益30万元。服装厂运营以来累计培训468名女工,长期稳定就业的有130人,人均月收入在2600元左右,年收入达28000余元,有效解决了农民增收、产业增效、集体创收问题。三是抢抓产业发展机遇。庙庙湖村抓住手工制品、沙漠瓜菜、胡麻油、肉羊、肉牛养殖产业发展机遇,成立专业合作社,培育吸引养殖大户入园养殖,带动建档立卡群众发展养殖业。目前肉牛养殖园区存栏723头,肉羊养殖园区存栏2100只,带动143户创业增收,园区收取租赁费30%用于发展集体经济,每年返还村集体8.2万元。

二、抓关键，激发发展活力

一是坚持党建引领。选优配强村"两委"班子，将守信念、讲奉献、有能力的人选任为村集体经济组织"领头雁"，成为发展集体经济的中流砥柱。同时，充分发挥本土人才优势，村民马敬祖成立电商服务站，向村民提供网购、快递代收代发、便民缴费等服务，将手工鞋垫、串珠、甜瓜、辣椒、胡麻油等农特产品在电商平台上销售，每月代销农特产品和手工艺品10000~15000元。二是规范管理运营。采取"党支部+合作社+农户"模式，村集体经济组织聘请职业经理负责生产经营管理，依照合作社章程规定设立监事会，建立健全集体经济组织财务管理和会计核算办法，健全完善村财乡代管、会计委托代理、集体经济组织财务公开等制度，加强内部经济核算，规范合作社运营管理。三是深化改革成果。率先开展农村集体产权制度改革，核实集体资产2785.8万元，其中经营性资产2216.68万元，成立股份经济合作社，赋予群众更多财产权利。2019年，村集体实现经济收入171万元，并首次向全村1359户4252名股东分红，每股分红152元；2020年，村集体实现净收益142.16万元，分红资金109.4万元，每股164元。

三、建机制，提供坚强保障

一是加强组织建设。抓好农村改革和集体经济发展，除了村党支部书记是第一责任人外，还必须要有一个团结务实、清正廉洁、勇于创新、无私奉献的村级基层组织。庙庙湖村强化培训提升，村"两委"班子凝聚力、号召力和战斗力不断提升，为发展壮大村级集体经济提供了有力组织保障。二是强化制度建设。通过推进农村集体产权制度改革和壮大村级集体经济，建立健全村级集体经济组织民主决策、监督管理、财务管理以及收益分配等制度和机制，发挥理事会、监事会和股东代表大会的作用，不断增强村集体经济组织管理村集体资产资源、发展村集体经济的能力和水平。三是健全分配机制。通过合理安排和使用村集体经济收益，真正把收益用于为村民办实事、解难事，帮助移民脱贫致富，让广大村民真正享受股权分红收益，从而提高村级组织的公信力，密切党群干群关系。

乘风破浪潮头立　扬帆起航正当时

——平罗县通伏乡马场村发展壮大村级集体经济典型案例

通伏乡马场村位于平罗县通伏乡东南侧2.4公里处,辖10个村民小组,全村831户2369人,耕地9808亩,河滩地9100亩。近年来,通伏乡马场村把发展壮大村级集体经济作为新时代基层组织建设的一项重要任务,采取"请进来、走出去"的办法,拓宽集体经济增收渠道,成功创建了全国文明示范村,五星级服务型党组织,村集体自身"造血"能力不断增强。

一、党建引领谋发展

近年来,马场村以创建星级基层党组织为目标,以"三大三强"为抓手,大力培育"两个带头人",积极参加县乡组织的各类外出观摩培训,村"两委"成员眼界、思路逐步拓宽。村党支部聚焦丰富稻草资源优势,通过"党建+产业发展+致富能人"模式,鼓励引导致富带头人利用村股份经济合作社发展壮大集体经济项目资金建立草产业园区,开展稻草收购销售业务。在村党支部的引领下,村集体经济收入不断提高,为农民增收致富奠定基础。

二、群策群力定思路

马场村被列为中国优质水稻原产地,多年来一直从事优质水稻种植和稻米加工,但稻米深加工不精,未形成产业规模,村集体依然是薄弱村。为此村"两委"班子多次召开党群议事会、股东代表大会、"能人"座谈会广泛征求意见建议,并进行了认真广泛的调研,决定依托通伏乡14万亩水稻年产稻草4万多吨的优势,发展稻草贩运加工业。2018年,在乡党委、政府的大力支持下,通伏乡相继引进了宁夏稻艺编织有限公司、宁夏环恒环保科技开发有限公司等企业,对稻草进行深加工,变堵为疏,变废为宝,赋能新生,为马场村发展稻草收购销售奠定了基础。自此,马场村走出了一条环保循环的可持续之路,既解决稻草秸秆焚烧形成的资源浪费和环境污染问题,又发展壮大了村集体经济。

三、"一减两增"促增收

为做大稻草产业,村党支部通过召开股东代表大会,同股东代表、种植大户等进行充分讨论,决定由村股份经济合作社通过以草抵资的方式统一为农户免费收割水稻。为降低收割成本,与外省水稻收割专业合作社合作,每年联系久保田半喂入联合收割机30余台,统一水稻收割,收割费用从每亩60元降低为每亩45元,村集体回收稻草每亩可获得30元收益。同时,宁夏稻艺编织有限公司、灵武市德琴草制品专业合作社等草制品企业就地取材进行草条、工艺品编织,小型工艺品搭乘互联网的快车,在京东、天猫上都有销售,不仅为村民提供了劳务用工岗位,还培训了400多名农民,提升了就业技能。从稻草资源焚烧浪费到集中回收、加工、销售,从收割成本降低到群众、村集体收入增加,村集体"服务创收办法"得到了群众的广泛认可。

四、抱团经营促发展

2020年,马场村股份经济合作社自筹资金160万元,与周边的团结村、永兴村联合,将扶持发展壮大村级集体经济项目资金以股份合作的方式,投入马场村村集体股份经济合作社,通过股份经营、抱团发展的模式,建设草产业园区,引进了全新的饲草加工机,将稻草绞碎、打捆、加工制作成草条、饲草料、草帘等草制品,草条、草帘主要销往陕西、青海等地,还销往酒钢、宝钢等大企业,饲草料销往平罗县、贺兰县、吴忠市等地奶牛和肉牛养殖企业。稻草价值由原来每亩100元升值到每亩300元。截至2021年年底,马场村集体经济收益突破276万元,抱团发展的3个村实现了村集体经济收入分红30万元,"头雁领航,群雁起飞"效应逐渐显现。

深化产权制度改革　发展壮大集体经济

——平罗县头闸镇邵家桥村壮大村级集体经济典型案例

平罗县头闸镇邵家桥村位于头闸镇人民政府东南侧，距滨河大道4公里。全村共有8个村民小组528户2036人，其中党员46人，插花移民11户56人（包括建档立卡户6户）。全村占地7.89平方公里，共有耕地面积10097.5亩，以传统种植业和小群多户养殖业为主要产业，2021年年底全村人均可支配收入17210元，村集体经营性收入22万元。

一、深化产权制度改革，奠定集体经济发展基础

邵家桥村于2019年1月9日注册登记为平罗县头闸镇邵家桥村股份经济合作社，注册时资产总额272.88万元，其中，净资产总额131.39万元（包括经营性流动资产37.79万元、量化经营性资源资产39万元、长期投资39.6万元、经营性固定资产15万元）。注册理事会成员7人，监事会成员7人。确认集体经济组织成员1484人，设立股东代表61人，共发放股权证690本，总股份2297.5股，其中成员股占比85%1952.9股，包括基本股1484股、贡献股2.9股、家庭股466股；集体股占比15%344.6股。注册股本131.39万元，其中，成员股本111.68万元，集体股本19.71万元，每股金额为571.87元。

二、探索多元化经营模式，拓宽集体经济增收渠道

合作社成立以来，积极配合村"两委"发展村级集体经济产业，申报并组织实施了2019年扶持壮大集体经济项目，利用项目资金购买拖拉机、打捆机等农业机械5台，承接捡拾打捆、机身松土等项目，为群众提供农机作业、代耕代种等农业生产托管服务，2021年实现纯利润13万元。既为村民省工、省力，又达到秸秆综合利用与集体经济增收的双赢。同时，积极申报并组织实施脱贫攻坚项目，建设肉牛养殖扶贫产业园，建成15栋圈舍，15

栋草料棚,15个青贮池,1个粪污处理池,发展肉羊养殖150头,为发展壮大集体经济奠定了良好的基础,既解决了插花移民发展养殖无圈舍的问题,又实现了当地移民群众和村集体增收。

强化红色驱动力　发动经济"新引擎"

——平罗县头闸镇西永惠村发展壮大村级集体经济典型案例

平罗县头闸镇西永惠村辖8个村民小组,618户1934人,现有党员53名,为四星级党组织。全村耕地面积8313亩,主要产业以粮食和制种产业为主。2021年村集体经营性收益21.8万元,农民人均可支配收入19000元。近年来,西永惠村坚持以党建为引领,聚焦乡村振兴,大力发展制种产业,不断强化党支部红色引擎驱动力,大力发展壮大村级集体经济。先后被评为全国民主法治示范村、自治区环境整治示范村、自治区特色旅游村。

一、党建引领,持续注入发展"新动力"

村党支部始终将致富带头人培育作为推动村集体经济持续发展壮大的重要动力,根据村集体经济发展需求和个人特长,建立"两个带头人"菜单式

村集体引领瓜菜优势特色产业发展

培训计划,结合"三会一课"、主题党日等,邀请党校老师、农业专家、农业企业负责人等开展党性教育、产业技术指导、产业发展管理等专题培训,进一步提升村党支部的公信力,增强村"两委"班子在壮大村级集体发展管理中的经营水平。建立村干部、村级能人联系机制,10名村"两委"班子成员常态化联系技术能手46人,培育"两个带头人"12人,后备干部4人,密织村集体产业发展网。

二、村企融合,打造集体经济"新引擎"

村党支部深入调查研究,认真进行论证,依托西永惠村制种产业优势,成立平罗县田家盈农业专业合作社,争取壮大村级集体经济200万元,采取订单种植的方式和"党支部+合作社+企业+群众"发展模式,聘请致富带头人负责合作社的运营管理,大力发展特色制种产业,打造制种产业园区,建设制种基地1000亩,带动全村200多户农户发展制种产业,制种面积达到5000多亩。同时,通过订单种植销售模式,由企业负责引进良种、提供技术、开拓市场,有效地提升了种子产品的附加值,打响了头闸镇的制种地域知名度。

三、农旅融合,共同谱写振兴"新篇章"

坚持"农旅融合助力乡村振兴"发展思路,着力构建多元化特色产业格局。加大人居环境综合整治力度,争取整合人居环境整治各类项目资金600余万元,对西永惠村8队村庄进行整治维修,砌护围墙3548米、整修绿化带2.3公里,修建休闲游园、休闲凉亭等基础设施,改善村容村貌。着力培育乡村文化旅游品牌,累计投资310万元,打造西永惠"五彩种博园",建设核心制种园区5个3100亩,初步形成集科普研学、休闲采摘、劳动实践、开心菜园、美丽村庄五大功能为一体的农文旅综合体示范村。构建村级网格管理组织体系,组建网格化党小组4个,划分党员网格,充分发挥党员先锋模范带头作用,开展政策宣传、民情收集、化解纠纷等工作,夯实基层治理,切实增强群众的获得感、幸福感和安全感。

四、健全制度,提升集体组织管理能力

建立健全村集体资产管理、财务管理、收益分配等制度,充分发挥村党支部、村集体股东代表大会、理事会、监事会的职能,严格执行各项制度,不断提升村集体经济组织的管理水平。乡镇党委指派专人对村级集体经济发展进

行指导和监管,村级党组织全程参与指导和运行,重大决策、重大支出等全部实行"四议两公开",并及时向乡镇党委进行报告,确保发展壮大集体经济方向不偏,规矩不乱,资金使用安全规范有序。特别是完善村级集体经济资金使用和收益分配制度,强化村级集体经济发展资金的使用管理,严格用工用劳、生产资料购置、销售等环节的管理,不断降低生产经营成本,提高经济效益,不断增加集体收入。

2018年以来,通过村党支部引领带动,大力发展特色制种产业,提升了基层党组织凝聚力、战斗力,建立健全了管理制度,发展壮大了村集体经济。同时,也带动了头闸镇制种产业的发展,带动制种基地扩大到10000亩,增加就业岗位150余个,解决周边农户就业140人,辐射带动党员群众200余户从事制种产业,每户实现增收1万元以上,实现了将党支部建在产业链上,把党员聚在产业链上,让群众富在产业链上的目标。

第二部分
农村集体"三资管理"

平罗县推进乡村治理进展情况的报告

平罗县紧紧围绕实施乡村振兴战略的总要求,紧盯"治理有效"目标,坚持以党建引领为推进乡村治理的核心,努力构建以自治增活力、以法治强保障、以德治扬正气,健全党组织领导的自治、法治、德治相结合的乡村治理体系,大力推进乡村治理体系和治理能力现代化。

一、推进落实情况

(一)坚持党建引领,加强组织建设

一是健全三级书记抓乡村治理机制。整合县、乡、村三级力量,聚焦发挥县委"一线指挥部"、乡镇党委"龙头"、村党组织战斗堡垒"三个作用"。用好县处级领导带头落实乡村振兴联系点制度,带动县乡两级党政领导干部建立联系点145个,构建起党委领导、政府负责、县乡村三级上下贯通、精准施策、一抓到底的乡村振兴工作体系,形成同轴运转、同频共振、同向发力的工作格局。二是强化财政保障机制。实施新建改扩建村级组织活动场所建设项目10个,总投资899万元,全县年村级运转经费达2324万元,村均达16万元,保障基层党组织有钱办事、有能力服务。在全区率先建立村干部报酬星级补贴、养老保险补贴、任职年限补贴、村级党务工作者津贴稳定增长机制,村干部平均任职补贴、五星级村党组织书记任职补贴分别达3785元、5069元。同时,对年集体经营性净收益达到5万元以上的村,按照8%的比例提取净收益给予村干部奖励补贴,累计兑现奖补400.06万元。三是强化激励鞭策机制。把抓党建促乡村振兴作为党委(党组)书记抓基层党建工作述职评议考核的重要内容,开展乡镇党委、村"两委"换届"回头看",调整不胜任不适宜的乡镇党政正职4人、副职6人,村干部28人,倒逼各级党组织真抓实干。坚持抓两

头带中间,摸排确定软弱涣散村2个、后进村8个,采取"四个一"方式抓好整顿,争取资金500余万元,解决集体经济薄弱等突出问题14个,大力提升整顿效果。把推进乡村振兴实绩作为选拔干部的重要依据,先后选派91名干部到乡村一线轮岗锻炼,提拔乡村一线实绩突出干部101名,引导党员干部真正把心思和精力投入到乡村振兴上来。四是配强乡村"头雁"队伍。持续优化乡村两级班子,乡镇党委班子平均年龄由40.11岁下降到38.47岁,本科以上学历达到87%;村党组织书记平均年龄由44.8岁下降到40.8岁,大专以上学历占比达到32.4%,"一肩挑"达到75.69%,开展乡村干部"导师帮带制",精准结对135对,乡村振兴"一线施工队"功能更强、结构更优。结合基层整合审批服务执法力量改革,下放乡镇事业编制人员214名,编制总数较改革前增加40%。开展驻村第一书记"擂台大比武"活动,通过年初亮目标、晒措施,年中赛进度、比差距,年底评成效、促提升,推动驻村第一书记走访入户15864户,解决问题2241件,争取项目82个,引进资金5700余万元,乡村振兴服务力量持续增强。五是用好党员骨干队伍。实施村级后备干部"蹲苗"行动,通过定档管理、定向培训、定人帮带、定期考核及跟班体验"四定一跟"培养模式,培育农村致富带头人1216名、党员致富带头人985名,储备村党组织书记后备人才591名,选配村"两委"67名。设置网格党小组411个,设立党员中心户1131个,通过党员户挂牌、党员公开承诺、建立党员责任区等措施,为党员发挥作用搭建载体,在乡村振兴中当先锋、作表率。六是培育实用人才队伍。制定《平罗县新型职业农民培育管理办法》,实施乡村人才"归鸿计划",推行"产业+人才"引才模式,依托种子小镇、河东优质奶源基地等产业园,引进科研专家21人,建立人才小高地2个、双创基地5个、农民实训基地29个,累计培训新型职业农民2400余人、农村实用人才1600余人。强化智力支撑,向乡村选派科技特派员206名,解决农业技术问题1200余项,培育出"黄渠桥羊羔肉""庙庙湖沙漠瓜菜"等一批特色农产品品牌,有力带动产业发展。

(二)推动自治实践,提高自治水平

一是建立健全"小微权力"清单制度。建立完善6类29项小微权力清单,公开公示信息3637条,受理投诉71件,办结68件,满意度92%;印发"20+X"《村民代表会议基本议定事项指导目录》清单,规范"四议两公开""一事一议"

等制度实施范围,不断强化村级民主自治功能。建设村村享平台30个,开展"村居通"微信小程序试点行政村24个。推进"村廉通"工作机制,确保微权力在阳光下运行。全面推广运用"积分制""清单制"管理,不断创新乡村治理方式。二是健全村级运转经费保障制度。财政投入村级组织办公经费880万元、乡村治理专项经费1450万元,安排乡村两级创新社会管理工作经费及"两个中心"运行工作经费372.5万元,安排环境保护运行经费23万元。安置乡村公益性岗位209名,从事卫生保洁、垃圾清洁、便民服务等公共服务。三是落实村务公开、民主管理机制,保障村民的知情权、参与权、决策权和监督权,延伸监督由村务活动结果到村务决策及执行过程。优选配强村监会成员,对选举的432名村监会成员进行教育培训,开展两期"能力提升培训",着力提升思想政治素养和履职能力。严格执行《村民监督委员会村务监督制度》《村民监督委员会定期走访制度》等各项制度,建立村监会成员考核奖惩机制,发挥考核"指挥棒"作用,进一步激励村监会尽职尽责发挥监督职能。

(三)加强法治建设,提升治理效能

一是践行新时代"枫桥经验"。将矛盾纠纷排查调处与疫情防控和维护社会稳定紧密结合,做到"小事不出村、大事不出乡(镇)、矛盾不上交"。开展"调解九进 服务万家"等活动,调处各类矛盾纠纷769件,成功率达99%;开展婚姻家庭矛盾纠纷专项整治活动,主动高效排查化解邻里、婚姻家庭矛盾纠纷,促进家庭、社会和谐稳定。二是完善乡村法律顾问制度。培养乡、村两级"法律明白人"961名,实现一村一法律顾问全覆盖,全县13个公共法律服务工作站配备"12348"公共法律服务智能终端机,安装165台智能化可视化自助机,实现热线平台、实体平台和网络平台"三台融合"。在13个乡镇综治服务中心分别安装电子屏,实现了远程监控、远程会议等功能,打造全县社会治理指挥调度。强化农村普法教育,深入乡村开展"订单式"按需精准普法,发放法治宣传品、宪法宣传彩页、反电信诈骗等宣传资料60000余份,培养"遇事找法、有法可依"的法治意识,营造良好学法氛围。三是推进农村"雪亮工程"建设。目前已在全县重点部位区域建设视频监控点位共计5140路,落实"一村一辅警"制度,常态化开展扫黑除恶专项斗争工作,大力推进"雪亮工程",安装治安探头5140路,在全区率先开展"天翼智能管家"云防控项目,安装监控

1.5万余个,乡村治理更加智能化、立体化。四是融合基层社会治理"1+6"。对接社会治理新需求,主动融入1210个网格,构建"网格+警格""1+X+N""辅警村官"等治理模式,建成161个村警务室,实现了乡镇、社区、村全覆盖。探索出渠口"3+N"联调模式"红马甲和谐管家调解室"矛盾纠纷联调品牌,组建"红通义警""平丰义警"等群防队伍,调解各类矛盾纠纷3128件。五是积极加强基层力量。13个乡镇设立"五办四中心",结合基层整合审批服务执法力量改革,下放乡镇事业编制人员214名,乡村振兴"一线施工队"功能更强、结构更优。

(四)注重德治引领,弘扬时代新风

一是修订完善"村规民约"。对全县13个乡镇144个行政村"村规民约"修订情况进行全面督查指导,修订"村规民约"141个1550余条。全面推行乡村文明实践积分制和"村规民约"奖惩机制。黄渠桥渠中村的奖惩制度"红七条"和"黑名单"作为经验示范向全县推广,并得到央广手机报和宁夏新闻网的宣传报道。二是深入推进移风易俗。全覆盖推进行政村移风易俗和红白理事会工作,形成文明委成员单位联动配合,乡镇、村(居)具体落实的工作机制。依托全县187个新时代文明实践中心(所、站)广泛开展"拒绝高额彩礼推进移风易俗"等主题宣教实践活动,累计发放倡议书及宣传片3万余份,开展移风易俗知识宣讲20余场次,签订移风易俗承诺书3000余份。持续发挥"一约一会"作用,引导群众自觉抵制铺张浪费、婚丧大操大办等陋习,进一步培育文明乡风。三是全面推进新时代文明实践。制定印发《关于进一步巩固拓展全县新时代文明实践工作的实施方案、建设评估细则(试行)》等指导性文件,建立处级领导全员挂点联系13个实践所制度。充分发挥187个新时代文明实践中心(所、站)功能,开展"温暖来敲门""晨夕""微项目"认领、"家校社"家庭教育等接地气、冒热气、聚人气的文明实践志愿服务活动,全县384支志愿者团体、3.8万名志愿者累计开展志愿服务3500余场次,受益群众达20万余人次,新时代文明实践工作在全区进行经验交流。四是深入推进文化惠民工程。组织开展"平罗县2022年文化进万家——视频直播家乡年"系列活动,积极开展文化科技卫生"三下乡"文艺演出活动,充分运用180个"乡村大喇叭"定期播放移风易俗、科普、反诈等知识,大力弘扬"最美家庭"等先进模范

事迹,充分发挥红翔新村红翔剧院作用,开展秦腔、广场舞、文化表演、农民丰收节等活动,以文明新风引领社会之风。五是深化文明村镇和文明家庭创建。累计创建各级文明村镇148个,文明村比例达到94%,共表彰十星级文明户5637户,完成了星级文明户等先进典型占常住户13%的目标。评选出8个信用示范乡镇、42个信用示范村,基本实现信用评级县域全覆盖。

二、面临的问题和困难

一是农村基层党建紧扣中心、服务大局的切入点和着力点找得不够精准;农村警务人员缺乏,未能达到"一村一辅警";村民劳动力教育水平低,缺乏参与民主管理和民生生活的积极性,群防群治队伍建设效果不好。二是红白理事会等村民自治组织作用发挥不充分,村民对"村规民约"的修订认识不到位,自我约束力不强,群众参与乡村治理的积极性和主动性还不高。三是县级财力有限,难以完全有效满足乡村振兴支出需求。村民小组长(网格员)、村监会成员人数较多,现行补贴标准低,无法按照自治区补贴标准要求兑现。

三、下一步工作计划

(一)深入推进党建提质增效

扎实开展示范村引领和"头雁"领航工程,深化"一抓两整"示范县乡创建行动,着眼巩固拓展脱贫攻坚成果同乡村振兴有效衔接,抓实管好选派"第一书记"和驻村工作队,认真开展第一书记"擂台大比武"活动,推动驻村第一书记"争先锋""当尖兵",逐步实现村级党组织整体提升,真正成为宣传党的主张、贯彻党的决定、领导村级治理、团结动员广大群众的坚强战斗堡垒。

(二)提升乡村公共服务水平

完善乡村基本公共服务投入机制,助力"三大三强"全面推进,强化农村基层组织建设,加大财政对乡镇转移支付的力度,逐步提高乡村运转经费保障水平,推动完善乡村治理体系、提升乡村治理能力,夯实党在农村的执政根基,确保农村和谐稳定、长治久安。持续提升农村人居环境质量,加快乡镇服务型政府建设。加快形成合理水价形成机制,确保城乡供水安全保障事业健康发展。

(三)切实提高乡村自治能力

完善村党组织领导的充满活力的村民自治机制,做实村民代表会议

"55124"模式,推广"村廉通"村务监督工作机制,实现"村规民约"全覆盖,充分调动乡村各类主体有序参与村级事务,促进基层民主建设,提升乡村治理能力,用自治化解矛盾,建立务实管用的村务公开机制。健全村干部工作报酬同村党组织评星定级相挂钩制度,村"两委"负责人工作报酬与乡镇同工龄段干部工资收入大体相当。

(四)着力提升乡村法治水平

广泛发动农村群防群治力量,壮大农村警务队伍,村民(辅)警在警务室内驻村办公,充分利用自身优势,宣传法治和良好乡风。持续开展"百万警进千万家"活动,推动警务工作向农村下移,及时准确了解掌握社情民意,扎实做好群众工作和信访工作,及时依法化解各类矛盾纠纷,深入开展"平安创建",全力维护和谐稳定局面。

(五)培育乡村文明新风尚

广泛开展"家和万事兴·中国梦平罗美"主题教育实践活动、"节俭养德、全民节约"行动、文明实践行动,拓展新时代文明实践中心(所、站)建设,设立乡风文明榜,持续开展道德模范、最美家庭、文明家庭、好公婆、好邻居等评选活动,推动形成爱国爱家、相亲相爱、向上向善、共建共享的社会主义家庭文明新风尚,为持续开拓乡村治理事业发展提供不竭动力。

规范村级财务管理　护航集体经济发展

　　管好用好农村集体"三资",是实现农村集体资产的保值增值的前提,也是促进农村财务管理制度化、规范化、信息化的重要手段。对此,平罗县以健全农村财务管理制度为突破口,强化集体资金的监管使用,多渠道进行财务公开,切实管好老乡的"钱袋子",为集体经济发展、百姓权益保障撑起"保护伞"。

一、基本情况

　　平罗县位于宁夏平原北部,辖13个乡镇,144个行政村,耕地面积103.1万亩,现有农村常住人口8.15万户24万人。2019年全县农村集体经济组织总收入7728.25万元,全年收益2242.2万元。作为全国第三批农村集体产权制度改革试点地区,平罗县已于2019年10月全面完成改革批复的各项试点任务,并通过农业农村部第三方评估验收,全县成立村集体股份经济合作社112个,经济合作社30个(其中4个村分村联治成立2个集体股份经济合作社),集体经济联合社1个,认定集体经济组织成员24人,量化资产总额5.58亿元,配置总股数30.18万股,发放股权证6.29万本。2019年全县集体经营性收益5万元以上的村达到75个,有11个村集体经济组织进行了股份分红,分红总额达到249万元。

二、主要做法

(一)完善制度,重点规范

　　平罗县作为国家级农业农村集体产权制度改革试验区,按照先试先行的原则,稳慎推进和探索集体经济发展道路,为改革发展打灯探路。一方面,修订完善各项村级财务制度,先后制定出台了《平罗县村级会计委托代理服务管理办法》《平罗县村集体经济组织"三资"管理制度》《平罗县村集体经济组织资产登记、保管、使用、处置、清查和定期报告制度》等26项制度。另一方面，着重从以下4个方面进行了规范。一是严格资金监管。代理机构必须在当地金融机构为各村开设公户，各村所取得的收入必须及时缴存其开户银行专户，坚决杜绝公款私存、坐支、截留、挪用或擅自抵顶债务，出纳不得白条抵库。二是规范票据使用。收入票据必须使用财政部门监制的专用收款收据，支出票据必须是税务发票或代理机构统一印制的报账单、领条，不得以白条或不规范的凭证入账。三是完善审批程序。村级每笔开支，必须经村民监督委员会会审会签、村主任村书记签字、报乡镇分管领导复核签字，会计方可报账。重大开支必须由村民会议或村民代表会议审议通过，报账时必须附有关批示、决议和票据；工程建设的支出，应当附有工程预算、承包合同、验收单及工程决算等资料。专项资金必须专款专用，不得改变资金用途。四是统一合同管理。积极与乡镇法律顾问沟通，制定了统一的农村集体资源承包租赁合同，采取长包短定制式文本的方式，加强对农村集体资源的管理。

（二）强化队伍建设，提升工作质量

一是明确"三个务必"。针对村级代理会计多由兽医、外语、法律等非财会专业人员兼任、人员流动性大造成账务处理出现间断、错账和不能及时做账等问题，平罗县农经站积极主动与各乡镇主要领导进行沟通，要求其做到"三个务必"，即工作安排务必到专人、工作人员务必为财会专业人员、人员交接务必向县农经站报备。截至目前，平罗县各乡镇村级代理会计大部分由农经或财会专业人员负责且人员均为乡镇正式编制。二是加强业务培训。每年组织举办至少两期全县农村"三资"管理网络平台建设培训班，对各村级代理会计进行网络软件平台操作、会计科目使用、账务处理、开支审批程序、管理制度等内容的系统培训。同时对各村干部、村级报账员、村监会成员等进行收支管理、审批制度和资产出租、承包等财务知识培训。

（三）创新监管方式，增强监督质效

一是创新财务监管方式。通过手机信息、开通电话自助结算终端等途径，将村集体资金收入、支出、缴费全部纳入"村廉通"专户进行监督管理，村书记、村主任、村监会主任、村报账员等实时掌握和监督银行账户变动情况。

针对"上级监督太远,群众监督太弱"的问题,成立了"勤廉监督室",由镇驻村干部任勤廉监督室主任,村干部、村监会成员为工作人员,严格按照相关财经纪律和规定,对村级大宗支出进行及时跟踪,重点审核程序是否合规、支出是否合理。二是多渠道公开,强化监管效果。利用"中国移动云MAS业务平台",代管中心会计根据银行发送的信息,利用平台及时将村级财务收支发送到村"两委"班子成员、村监会成员、村报账员、村民代表、代理会计等人员的手机,使村干部和部分村民代表及时了解掌握村级财务收支及涉农惠农项目资金使用等情况。同时,村委会定期将财务明细在村民大会、村务宣传栏进行公布,切实保障农村集体"三资"的信息及流程公开、透明,有效减少了群众上访数量,化解了矛盾,拉近了干群关系。

(四)强化审计监督,严肃财经纪律

结合平罗县实际制定了《平罗县村集体经济组织审计处理结果跟踪落实制度》《平罗县村集体经济组织审计发现问题线索移送管理暂行办法》《平罗县村集体经济组织审计执法过错责任追究制度》等制度。县农经站坚持每年对部分村的财务进行直接审计和财务检查,通过"2+1"的模式,即2位县农经站审计人员和1位外聘审计公司审计人员组成的3人审计小组,按规划重点抽查部分村进行审计及财务检查。对干部任期与离任经济责任、征地补偿款的使用、"一事一议"筹资筹劳以及村集体资产经营、项目工程等问题进行专项审计调查,采取实地观察、查询做笔录、电话录音询证等方法,严格按照审计条例、程序开展审计监督。审计过程中,发现问题及时解决;审计结束后,将审计结果及时公布,进一步严肃了财经纪律,规范了村级财务管理。

三、取得成效

(一)建立了村级财务管理的长效机制

通过制度建设,明确了代理会计人员、报账员、财务主管人员、财务监督人员及村监会各自的职责,对不相容的职责实行严格的分离制度,实施有效的内部控制制度;明确和规范了具体业务流程,切实保证了集体经济组织和村级自治组织财务工作的连续性和有效性。

(二)建立形成了上下贯通的农村财务管理组织网络

为了更好地适应农村集体经济组织会计核算工作需要,准确反映村集体经济组织财务状况和经营成果,平罗县打造了以"村账乡代"为依托,以农村财会人员为基础的农村财务管理组织网络,组织网络实行层层把关、层层审核,有效推动了全县农村财务管理工作的整体水平。

(三)注重审计结果运用,强化农村财务审计威慑力

注重审计结果运用与农村基层党风廉政建设的结合,确保审计成果与纪检监察、巡视巡察等部门的有效衔接和贯通。2019年,完成村财审计和检查共计30个村,审计资金达1888.5万元,审计出违纪资金13.28万元,占审计资金的0.7%。违纪单位3个村。截至目前,已移交乡镇纪委案件1件、待移交乡镇纪委案件1件,为县委巡察组提供案件线索1件。以审计工作实际成效体现村财监督的力度和效力,将村财审计作为保障集体资产的重要经济监督手段,增强审计威慑力,确保集体经济运行规范有序。

(四)盘活集体资产,壮大集体经济实力

通过对资金、资产、资源的有效管理,使集体闲置的资源得到了利用,村集体收入不断增加。截至2021年年底,全县144个村集体经营性收益5万~10万元的34个,10万~20万元的62个,20万~50万元的29个,50万~100万元及100万元以上的19个。集体经营性收益5万元以上的村比2018年增长了70%;经营性收益10万元以上的村比2018年增长了59%。

平罗县乡村财务管理和村集体经济委托经营管理情况

一、工作情况

（一）村级财务管理情况

平罗县共有13个乡镇，144个行政村，1088个村民小组。近年来，平罗县通过健全组织网络、全面清理整顿、创新监管方式，加强对村集体财务监管，为农村经济发展和社会稳定发挥了重要作用。具体做法如下。

1.建立平台，提高工作质量。全面推动了村集体"三资"管理网络软件平台建设，13个乡镇全部通过村集体"三资"管理网络平台进行凭证录入、凭证记账、凭证审核、资金资产报表制作。针对乡镇农经干部不固定，变动性大造成的村级财务、账务处理时常出现间断、错账、不能及时做账等问题，积极和各乡镇主要领导进行沟通，做到"两个务必"，即工作安排务必到人、人员交接务必向县站报备。

2.加强培训，提升业务水平。坚持每年对乡村财务人员进行两次业务培训，重点以农村"三资"管理网络平台建设、网络软件平台操作、会计科目使用、账务处理、开支审批程序、制度建设等为主要内容，切实提升乡镇代理会计和村报账员业务水平。

3.全面清理核查，规范运行。针对各乡镇代理会计账目科目记错、借贷方向记错、凭证重复多次记账及漏记等原因导致的"三资"管理网络平台频频出现错账等问题进行集中清理，切实做到有账可查、错账必查、有据可依。截至目前，平罗县共查处"三资"管理网络平台录入出现问题共10多类，涉及5个乡镇55个行政村，并组成专门的清理小组进行逐个清理解决。同时，结合村级集体资产清产核资工作，对农村集体"三资"进行全面清理核实，并聘请第三方会计事务所进行专项审计,为今后加强监督管理,用好资金、资产、资源打下坚实基础。

4.创新公开方式,强化民主管理。建立了村级财务收支"村廉通"机制,通过建立村级财务代理会计聘任制、开通电话自助结算终端、搭建"村廉通"服务平台、微信群等方式,将群众关心的村干部报酬、生产经营和建设项目发包、土地征用补偿分配与使用、"一事一议"筹资筹劳、政府对农民的各种补贴资金、上级拨付的财政转移支付资金、社会捐赠、优抚、福利及救济扶贫款等财务事项,通过编辑发送信息的方式,及时逐项逐笔进行公开,接受群众的查询和监督。

5.强化审计,强化监督管理。每年安排30个左右的村开展村级财务审计,确保全县所有村在3年内审计一次。今年,结合农村集体资产清产核资,对全县144个村的资产资金清查情况,聘请第三方会计师事务所进行全面审计。对干部任期与离任经济责任、征地补偿款的使用、"一事一议"筹资筹劳以及农民群众关注的集体"三资"问题进行专项审计,严格按照审计条例、程序开展审计监督;审计过程中,发现问题及时解决;审计结束后,及时公布审计结果。

(二)乡镇财务管理运行情况

根据自治区人民政府2004年下发的《关于开展乡镇财政管理方式改革试点工作的通知》和自治区财政厅下发的《宁夏回族自治区乡镇财政管理方式改革试点工作实施意见》精神,平罗县与贺兰等5个县(区)被纳入了以"乡财县管乡用"为核心内容的乡镇财政管理方式改革试点县范畴。在自治区财政厅的大力支持和精心指导下,在全县范围内推行了"预算共编、账户统设、集中收付、票据统管、债务审批"的管理方式,撤销了乡级金库和乡财政总预算会计。2007年,平罗县与自治区财政厅同步率先实行了国库集中支付制度改革,乡镇资金支付以直接支付为主,直接支付占集中支付资金的94%。进一步推进了乡镇财政管理方式改革工作,使平罗县乡镇财政体制改革工作走在了全区的前列。乡镇资金来源主要有:乡镇政府组织和管理的按照国家政策规定筹集的用于本乡镇经济建设、事业发展、公共福利等方面的资金,以乡镇政府名义获得的各种捐款、特定用途的基金,以及乡镇各部门和单位经批准收取的行政事业性收费等各项收入,主要来源为县级财政预算安排的资金及业务部门拨付专项资金。近年来,平罗县按照有利于服务地方经济社会发展,有利于加强和规范财政资金管理和有利于保障党和政府强农惠农政策落实的要求,进一步健全和强化乡镇财政职能,把进一步加强乡镇财政工作作为增强党的执政能力、推进城乡统筹发展和完善公共财政体制的重要措施,进一步提高乡镇财政服务发展能力,更好发挥乡镇财政职能作用,全面提升乡镇财政科学化精细化管理水平,逐步建立符合现代公共财政管理要求,与全县经济社会发展状况相适应的职责明确、保障有效、管理规范、监督有力、运转高效的乡镇财政管理体制和运行机制。

(三)区财政扶持村集体经济发展试点项目资金委托经营管理情况

2016年、2017年平罗县争取自治区财政扶持村级集体经济发展项目16个,涉及15个试点村,每个项目扶持资金200万元,共计3200万元。项目主要采取村集体领办土地股份合作社、村集体经济委托经营管理等模式,实现村集体增收。通过项目实施,平罗县初步建立"权属清晰、责权明确、管理科学、运行规范"的村级集体经济组织框架,2016年10个试点项目村共流转土地5025亩,入股土地4299亩,入股农户306户,实现经营总收入897.17万元,净利润20万元以上的村4个,10万~20万元的村3个,10万元以下的村2个,经营不利亏损的村1个(头闸镇西永惠村)。农户实现保底分红296.3万元(600元/亩以上),部分农户实现二次分红达14万元(200元/户),村集体经济增加收入76.52万元。15个试点村中,有10个试点村采取的是村集体领办土地股份合作社等村集体经济实体的模式,实行自主生产经营,项目资金主要用于基础设施建设、机械设备购置等方面。有5个试点村采取集体经济委托经营管理模式,通过和农民专业合作社、农产品加工流通龙头企业等社会经济组织合作,采取保底和二次分红的利润分配模式,村集体在获取10万~20万元保底收入的基础上,年底进行二次分红,增加集体收益。

(四)市级财政扶持村集体经济发展项目委托经营管理情况

2014—2016年,市财政共下达平罗县扶持村集体经济发展项目37个,资金总额1340.8万元,其中,财政扶持资金1228万元,乡村配套资金112.8万元(每个村市级财政扶持资金30万~50万元,乡村配套10%)。2014年共下达项目18个,资金总额646.8万元,其中,财政扶持资金588万元,乡镇配套58.8万元;2015年共下达项目10个,资金总额341万元,其中,财政扶持资金310万元,乡镇配套31万元;2016年共下达项目9个,资金总额330万元,乡镇配套资金23万元。37个项目中,有27个项目采取委托经营管理的模式,投资到农民专业合作社或农产品加工龙头企业,与企业签订资金托管协议,以不低于投资总额价值的房产作为抵押物,村集体每年收取10%左右的占用费。截至2017年年底,27个项目村通过项目实施累计实现收益111.95万元,村均实现年收益2.73万元,最高实现年收益4.3万元。通过项目实施,使项目村集体经济不断发展,同时也带动了当地农业优势特色产业发展和农民增收,达到了项目预期目的。

二、存在的问题

(一)村级财务管理存在的问题

1.村级财务管理仍有不规范的地方。在村级财务实际操作过程中,有的票据只有审批人,而无经办人、证明人,或者有的大额票据只有审批人、经办人而无证明人。科目运用不规范。有的村将应从"应付福利费"中列支的五保统筹在"管理费用"中列支,将应从"道路建设维护"中列支的修路款在"在建工程"科目中列支;有的将集体资源租赁收入、城乡共建收入、扶持款等直接列入"公积公益金"科目。

2.农村理财组织履行职责不到位。村监会在村级支出的审签中占有重要地位。但是,在实际工作中,有的村监会形同虚设,存在自批自监督;有的是老好人,见票盖章都通过。乡镇代理会计不稳定,人员调整频繁,业务水平参差不齐,有的甚至由"三支一扶"大学生、实习大学生担任,导致村级财务记账不规范,存在账实不符、账账不符等情况。

(二)村集体经济委托经营管理存在的问题

1.对托管企业的生产经营状况、资金使用情况以及成本效益核算情况难以做到随时监管。虽然有的项目采取股份合作的方式,但不能实现按股分红,只能采取保底分红的模式,导致收益率不高。部分项目村对项目资金监管、项目占用费收缴等方面还存在不到位的问题,导致有的项目占用费收缴不及时、对企业经营状况不了解等问题。

2.部分项目由于合作企业后期经营管理不善,已无法正常运行,造成占用费无法兑现,有的甚至项目资金也发生安全隐患。如头闸镇裕民村与宁夏丰德农林牧开发有限公司签订的基础母羊托管项目,经实地走访和查阅相关财务资料,该企业已不能正常运转,只向村集体缴纳了2015年占用费1万元;渠口乡银星村与宁夏溢方奶牛养殖合作社签订的奶牛托管项目,由于企业亏损严重,只向村集体缴纳了2015年占用费4.3万元;灵沙乡东灵村与宁夏龙山农业发展公司签订的基础母羊托管项目,由于企业经营不善,导致企业亏损严重,企业已不能正常运转,两年占用费均没有上缴村集体,且项目资金存在安全隐患。

3.发展村集体经济认识有待提升。尽管试点村成立了村集体经济组织,但集体经济组织负责人对章程制度、运行机制等认识还不够深刻,个别村对发展村集体经济的认识不够明确,主动谋划发展的意识不强,观念还没有转变,把扶持壮大发展村集体经济项目混同为一般的财政奖补项目,对如何发展壮大村级集体经济、如何带动广大农民增收,增强自身"造血"功能的思路不宽、积极性不高。

三、下一步工作措施及建议

1.加强监督管理,健全对村干部权力的监督制约机制。要严格规定工作流程、业务办理程序、财务结算日期、支出额度审核权限等事项,建立健全各项规章制度,把业务基础工作抓细抓实。乡镇代理会计要切实履行职责,逐笔审核原始单据,监管财务收支,对不合理、不合法的票据坚决不予入账,对未经村民理财小组审核的票据坚决不予入账,对不按规定报账、集体财务管理混乱的,要及时向领导汇报,以便于堵塞漏洞,防患于未然。

2.充分发挥村监会的职能作用。村监会在村账乡管制度中起着至关重要的作用,要充分调动村监会的积极性,增强其责任心,保证其认真履行职责,严格审核财务账目,行使对本村财务审议、监督和检查的权利。要加强对村监会履行职责的督查,其组成人员要严格实行任期制,保持其独立性,使其职责能够得到充分的发挥。

3.加强基层财务人员力量。建议乡镇设立农经管理机构,加强财会专业人员配置,稳定人员队伍。同时,切实要定期或不定期对村报账员、代理会计、村监会成员进行相关业务培训,对新任用的报账员和代理会计,还应进行相应的岗前培训,不断提高其整体素质和业务能力。

4.加大村级政务公开力度。要将村级财务公开制度化、规范化、经常化落到实处,年度财务预决算,专项资金来源、使用和结余情况以及群众关心的其他热点事项必须随时公开;除对国家有关法律法规和政策明确要求公开事项外,对群众最关心、最直接、最现实的利益问题也要公开,对重大的财务活动,应及时专项逐笔公开明细账目。通过财务公开工作,有效促进村级民主管理。

5.坚持惩防并举,营造打击和预防"村官"腐败的良好氛围。纪检监察、检察、审计机关要重视群众的举报、上访,充分运用自身的工作优势,采取有力措施,进一步加大预防村官职务犯罪的工作力度,营造反腐倡廉的良好氛围。

6.进一步加强村集体经济委托经营管理项目资金监管。高度重视财政扶持发展壮大村级集体经济项目,加大项目监管力度,随时掌握合作企业经营状况,及时发现问题,在确保项目资金安全的基础上,村集体能够实现预期的收益。对合作企业经营管理不善无法正常运行的项目,乡村要高度重视,通过法律途径,采取处置抵押物或合作企业固定资产等方式,尽快收回项目资金,确保项目资金安全。

平罗县农村集体资产清产核资工作报告

按照自治区党委办公厅、政府办公厅《全区农村集体资产清产核资工作实施方案》(宁党厅字〔2018〕7号)和《农村集体资产清产核资办法》要求,平罗县开展了农村集体资产清产核资工作,现将工作完成情况报告如下。

一、基本情况

(一)建立健全机构,加强组织领导

为确保平罗县农村集体资产清产核资工作规范有序、扎实高效开展,平罗县成立了由县委分管领导任组长,农牧局、农改中心、国土局、水务局、林业局、财政局以及各乡镇党政负责人为成员的工作领导小组,并在县农改办设立了办公室。各乡镇均成立了清产核资工作领导小组,负责协调统筹乡镇国土、林业、财经所、农经站等站所开展工作。全县144个村均成立了清产核资资产清查小组、资产评估小组和资产核实小组,负责清产核资中清产、评估、核实、公示等工作。通过建立健全组织机构,形成了"县委、县政府领导,农牧牵头,乡村主抓,多方联动,协调配合"的工作格局。同时结合实际,印发了《平罗县村集体资产清产核资工作实施方案》,全县13个乡镇和144个村集体均制定了本级《村集体资产清产核资工作实施方案》。根据乡镇反映的问题,研究出台了《关于农村渠道、沟道及配套建筑物评估参考价的通知》《关于做好农村集体资产清产核资工作有关事宜的通知》等配套文件,落实县级配套工作经费85万元,县上先后召开4次工作推进会,开展了3次督察检查,保证了清产核资工作的顺利开展。

(二)采取多种方式,加强宣传培训

为了给农村集体资产清产核资工作营造良好的氛围,奠定坚实的群众基

础,取得广大农民群众的广泛参与和支持,平罗县在认真组织学习中央和自治区有关文件精神的基础上,切实加强宣传和培训工作,提高农民群众的知晓率和县、乡、村工作人员的业务水平。一是通过"线上+线下"的方式,利用培训班、会议、电视、"村廉通"微信平台、村务公开栏等载体,向社会各界和农民群众广泛宣传农村集体资产清产核资的意义、政策、内容以及实施步骤,提高群众知晓率。二是采取"县—乡—村"三级培训的方式,对县、乡、村三级相关领导和业务人员分层级进行了培训,共举办县级培训班2场次,培训人员232人次;举办乡镇级培训班13场次,培训人员800余人次;举办村级宣传培训班141场次,培训人员1753人次。

二、清产核资开展情况

(一)全面完成清产核资工作任务

平罗县所辖144个村于10月底全部完成了清查、评估处置、登记、核实、公示、确认6个环节的工作。截至11月25日,13个乡镇144个村的数据汇总和录入上报工作已全面完成。在清产核资工作中,平罗县严格按照7个步骤,对村集体资产进行全面的清查,重点对未承包到户的资源性资产和集体统一经营的经营性资产以及现金、债权债务进行了清查核实,向债权债务主体送达询证函,进行了清收清偿,组织评估小组对无原始凭据的经营性资产进行了评估处置,对无使用价值的资产进行了报废处置和账务处理,对清产核资报表扎实进行村级核实和县、乡级校验核对、汇总上报,并聘请第三方会计师事务所对144个村的清产核资结果进行了全面审计和公示,保证了清产核资报表的准确性和真实性。通过清查,摸清了各村集体资产家底,全县144个村未承包到户的资源9.15万亩,经营性资产比账面数增加7465.28万元,货币现金与账面数基本持平,共清收债权356.72万元,清偿债务680.35元。

(二)扎实清查核实三类资产

全县144个村账面资产总额为22890.53万元。其中,经营性资产总额为7262.4万元。经清查核实资产总额为38621.99万元。其中,经营性资产总额为15190.71万元。清查核实集体土地总面积为136.02万亩。

1.资金资产清查结果。资金资产账面数为12854.99万元,清查核实数为14674.49万元。其中,流动资产账面数为12854.99万元,核实数为13176.14万元;长期资产(长期投资)账面数为782.37万元,核实数为1498.35万元。流动资产中,货币资金账面数为9353.81万元,核实数为9350.59万元;应收款项账面数为3501.82万元,核实数为3821.33万元。

2. 固定资产清查结果。固定资产账面数为9180.04万元,核实数为23795.99万元。其中,固定资产净值账面数为7379.3万元,核实数为19739.92万元(经营性固定资产账面数为2507.54万元,核实数为7416.09万元);固定资产清理账面数为2.29万元,核实数为367.32万元;在建工程账面数为1798.45万元,核实数为3688.75万元(经营性在建工程为25.54万元,核实数为1234.06万元)。

3. 资源性资产清查结果。完成土地资源清查136.02万亩。其中,农用地面积111.1万亩,建设用地面积16万亩,未利用地面积8.93万亩。农用地中:耕地面积90.65万亩,未承包到户耕地面积6.56万亩,园地0.04万亩,林地1.1万亩,草地0.36万亩,农田水利设施用地(沟渠)14.99万亩,养殖水面(坑塘水面)1.93万亩,其他农用地2万亩。建设用地中:工矿仓储用地面积1.26万亩,商服用地0.12万亩,农村宅基地面积6.72万亩,公共管理与公共服务用地面积0.91万亩,交通运输和水利设施用地面积3.31万亩,其他建设用地3.7万亩。未利用地面积8.93万亩。

4. 负债及所有者权益情况。负债和所有者权益合计账面数为22890.53万元,核实数38621.99万元。其中,流动负债账面数为1803.66万元,核实数为3228.16万元;长期负债账面数为1125.32万元,核实数为1932.68万元。流动负债中:短期借款账面数为155.26万元,核实数为108.87万元;应付款项账面数为1694.21万元,核实数为3115.13万元;应付工资账面数为10.92万元,核实数为4.15万元;应付福利费账面数-56.73万元,核实数为0。长期负债中:长期借款及应付款账面数为134.82万元,核实数为220.93万元;一事一议资金账面数为40.48万元,核实数为27.55万元;专项应付款账面数为950.02万元,核实数为1684.2万元。所有者权益合计账面数为19961.55万元,核实数为33461.15万元。其中,资本账面数为2233.7万元,核实数为2621.21万元;公积公益金账面数为12323.16万元,核实数为25579.3万元;未分配收益账面数为5404.69万元,核实数为5260.64万元。

(三)明晰农村集体产权归属

在农村集体资产产权归属确权中,平罗县指导乡村依法依规、通过民主议事程序,将原集体资产和其他方式形成的集体资产确权到集体经济组织成员集体,并统一由各村向乡镇政府进行请示报备,批准后由各村建立台账,并在村集体"三资"管理平台进行相关账务处理及登记。鉴于平罗县农村集体资产大部分为村集体所有,乡镇集体所属的集体资产很少,村民小组没有集体资产。为此,平罗县统一要求,将原来由乡镇政府管理的村集体资产全部确权到村集体经济组织,由村集体经济组织统一经营管理。通过确权,明晰了农村集体资产权属,保障了农民权益,全县144个村新增集体资产15731.46万元。

(四)建立健全资产管理制度

在认真落实自治区农村集体"三资"管理20项制度、5个资产台账和7个登记簿的基础上,参照自治区制定的管理制度范本,县、乡分层级均制定了农村集体资产保管、使用、处置、全年资产清查制度和定期报告制度。健全乡镇监管、村集体为主体的"三资"管理机制,对村集体资源发包、租赁等经营行为,必须经村民代表"一事一议"通过,报乡镇和县政府备案后再签订统一的合同。明确资产处置流程,严格落实《平罗县资产处置制度》,对资产变动情况及时变更登记,并在村民代表会议上进行公示。建立清产核资"一报一通"的推进制度,要求各乡镇每月定期报告一次工作进度,汇报进展情况和存在的问题,会商解决办法,对工作滞后影响整体进度的乡镇予以通报。同时,县乡均建立了清产核资工作联席制度,县上组织农牧、农改、国土、水务、林业、财政等部门和各乡镇领导召开联席会议4场次,共同研究解决清产核资中存在的具体问题。

(五)加强资产管理平台建设

进一步完善农村集体"三资"监督管理平台建设,按照村集体梳理统计、乡镇审核录入上报、县级审核把关的程序,将农村集体资产清产核资结果录入"三资"管理平台和农业农村部清产核资录入上报系统,目前全县144个村已全部完成数据录入和汇总上报。将农村集体经济组织登记赋码、农村集体财务会计核算、农村集体产权制度改革等相关内容纳入平罗县平台管理,将农村集体"三资"管理平台与县农村产权流转交易平台统一管理,切实提高管理水平和效率,推动农村集体资产管理制度化、规范化、信息化。同时,指导乡村按照资产类别建立台账,完善村集体经济组织资产台账和村集体经济组织资源登记簿,及时记录资产增减变动及使用情况。

（六）严格执行落实财经政策

严格执行村集体"三资"管理各项制度,对于在清查中发现的村集体资产资源发包合同不够全面、租赁时间过长、价格过低,以及有的村集体资源由乡镇政府进行发包,有的村资产和债权债务形成资料不全、归档不及时等问题,严格按照《农村集体资产清产核资办法》要求,对村集体资产被长期借出或者未按规定手续租赁转让的、侵占村集体资金和资产的现象彻底进行清查。通过清查,共清理和规范无效合同、不规范合同46份,没有发现侵占村集体资金和资产、借机违规处置和私分集体资产、违规处置和确认债权债务等现象。

（七）认真做好自查自验和整改落实

按照《自治区农村集体资产清产核资工作检查验收方案》的要求,平罗县要求乡村于10月底对清产核资工作进行了自查自验,形成自查报告,对自查发现的问题进行整改。在乡村自查的基础上,县上从财政局、农牧局、农改中心、政研室抽调人员成立验收小组,采取听取汇报、查看资料、实地核查等方式,于11月上旬对各乡镇清产核资工作进行了检查验收,每个乡镇抽查不低于50%的村,全县共抽查了76个村。检查验收后,于11月16日召开会议,通报县级验收结果和整改意见,要求各乡镇对检查验收中发现的问题进行整改落实,各乡镇已于11月25日前完成整改并上报整改报告,并于11月下旬顺利通过了市清产核资工作领导小组的验收。

三、存在的问题

一是部分村集体资产权属情况复杂,部分资产无划拨手续,权属界定难;部分集体土地和国有土地性质、移民村村与村土地界限国土部门暂未划定;部分资源性资产清查采取人工丈量,与国土部门数据存在一定误差。

二是由于多年来乡镇代理会计和村报账员调整频繁,加上"三提五统"、水费等历史遗留问题时间较长,造成部分村级债权债务明细不全,为债权债务清理带来很大困难。

三是部分村资源性资产管理存在合同签订不规范、乡镇政府发包村集体土地资源等现象,且由于历史遗留时间较长,签订的不规范合同清理困难大,部分需要走司法程序。

四是由于乡镇、村级财务代理会计变动频繁,且部分为非专业人员,村级财务在记账和"三资"管理中会计科目运用不规范,给"三资"管理和清产核资造成一定困难。

五是农村集体产权制度改革后,原村集体和新成立的村集体经济组织账目会计科目不一致,特别是经营性的会计科目较单一,无法满足当前集体经济组织业务往来,造成部分经营性收支和财政转移性收支记账科目不明确。

四、意见建议

一是建立健全并严格落实村级财务代理会计制度,要求代理会计必须为财会专业人员,必须有一定的资质,且不得由"三支一扶"和实习大学生兼任。加强对代理会计的培训,提升其业务水平。

二是尽快制定适应农村集体产权制度改革后的村集体经济组织财务管理相关制度和办法,明确村委会和村集体经济组织财务监管业务部门,科学设定符合现代村集体经济组织经济运行的会计科目,为村集体经济组织财务规范化管理和经济发展壮大提供保障。

三是针对各地在清产核资工作中出现的普遍性问题,如债权债务清理、权属和土地性质界定等,通过调查研究制定出台指导性的处理和解决意见,加强指导和督查,确保清产核资工作全面准确。

五、下一步工作计划

一是扎实做好各级检查验收中发现问题的整改,按照自治区和市级检查验收提出的问题,指导乡村抓好整改落实,妥善解决相关问题,做好档案资料整理。

二是做好清产核资数据录入上报工作,对上报的144个村再次进行核对审核,严把数据的"质量关",确保农村集体资产清产核资管理系统和农村集体"三资"管理平台数据录入上报及时准确。

三是严格执行农村集体资产保管、使用、处置、全年资产清查制度和定期报告制度,彻底清理管理、使用和处置不规范的现象,加强对农村集体资产的规范化管理,用好用活农村集体资产,不断发展壮大村级集体经济。

四是全面加强村级民主治理,建立健全机制,规范运行程序,充分发挥村民代表大会议事职能,对清产核资和产权制度改革中的相关事宜进行民主议定,体现集体经济组织成员的主体作用。

五是运用好清产核资结果,扎实推进农村集体产权制度改革,力争全面完成全县所有村集体产权制度改革工作。

第三部分

农村土地确权及经营管理

扎实推进农村承包地确权工作
为农业农村土地改革奠定基础

一、合理确定权属,切实保障农民权益

平罗县实有耕地面积101.08万亩,其中农村集体耕地90.68万亩。为了确保农村土地确权登记工作经得起群众和历史的检验,我们结合县域实际和农业农村部技术规程制定了"九步工作法",即调查摸底采集信息、实地丈量和初始登记、第一轮公示确认、绘制工作图表、上图定位编号、第二轮公示确认、纠错与调处纠纷、正式登记签订合同、颁发权证9个环节开展工作;采取"八到位"工作措施,即政策指导到位、组织领导到位、宣传培训到位、程序规范到位、调查摸底到位、纠纷调处到位、质量监管到位、经费管理到位,使确权登记工作有序、保质、顺利进行。在此基础上,我们又探索开展了农民宅基地、房屋所有权和农村林权、土地流转经营权、小型水利工程设施产权、农业设施用地使用权、经营性建设用地使用权等产权的确权颁证。截至目前,全县宅基地颁证率达到84%以上,颁发土地流转经营权118本,林权证65本,小型水利设施使用权证856本,登记连片50亩以上集体荒地306宗,颁发农业设施用地使用权证51个。

二、强化确权登记颁证成果应用,农村改革成效显著

1.探索建立了农村土地产权抵押交易机制。成立了农村改革服务中心和农村产权交易中心,启动了农村各类产权抵押贷款,为农民生产经营提供了有力的金融支持。探索开展农民土地承包经营权、宅基地使用权、房屋所有权和村集体荒地、经营性建设用地使用权等产权流转交易。截至目前,全县累计办理农村产权抵押贷款1.94万笔9.65亿元,办理各类农村产权流转交易7.76亿元。

2.探索建立了农民土地和房屋产权自愿退出转让机制。允许在城镇有稳

定收入来源和固定住所的农户,自愿有偿退出农村土地承包经营权、宅基地使用权和房屋所有权"三权"。近年来,结合生态移民安置,共收储农户自愿有偿转让承包地、宅基地和房屋产权2056户,转让承包地11280亩,交易额2.47亿元。

3.探索建立农村土地规范化流转机制。出台了《平罗县新型农业经营主体土地流转和经营管理暂行办法》,建立了经营主体准入、监管、考评、扶持、退出机制和向规模经营主体颁发农村土地流转经营权证书制度,在贷款贴息、购机补贴等方面加大对经营主体和新型职业农民的扶持。近年来,县财政共投入扶持资金1000万元,培育家庭农场、专业大户、专业合作社、农产品加工企业等新型农业经营主体371个,带动全县土地流转40万亩,占全县耕地面积的41%。

4.积极探索农村集体资产股份制改革和农村土地股份制改革试点。结合财政扶持村集体经济发展项目实施,选择崇岗镇崇岗村、高庄乡威镇村2个试点村开展集体经营性资产股份制改革,目前已完成身份认定、资产评估、股权量化、合作社注册和股权证发放等工作;选择头闸镇西永惠等4个村探索开展土地股份制改革试点,由村集体领办土地股份合作社,农民以土地经营权按照保底分红的模式入股,发展规模经营。

三、大胆探索创新,深入推进农村各项改革

当前,平罗县农村改革取得了初步成效,但也存在遗留问题和矛盾纠纷多、土地流转交易保障机制不健全等问题。下一步,平罗县将重点抓好以下改革项目实施,把农村土地改革这篇文章做好做实。

一是深入推进农村产权确权颁证,进一步扩大确权范围,实现应确尽确,夯实改革基础。

二是加强农村产权流转交易市场建设,拓展抵押和流转交易范围,规范交易行为。

三是加快推进农村集体经营性资产股份制改革,发展壮大村级集体经济实力,落实农民对集体资产的收益分配等权利。

四是加快推进农村宅基地制度、农村征地制度改革和农村经营性建设用地入市三项改革,盘活农村集体建设用地资源。

准确把握政策法规
全力化解土地确权矛盾纠纷

2016年以来,平罗县根据自治区确权办安排,精心组织,周密部署,科学操作,稳步推进,全县农村土地承包经营权确权登记颁证工作有序开展。2016年5月,确权登记颁证总体成果顺利通过自治区确权办验收,得分位列全区第二名。目前,权证颁发6.9万本,颁证率达到99.8%,档案整理和数字化档案建立已完成141个村,完成率达96%,进度均位于全区各县区前列。在确权工作中,我们探索出一整套解决登记确权、化解矛盾纠纷工作方法。

一、组织领导到位

成立了由县长任组长,分管和联系农村工作的县委、人大、政府、政协领导任副组长的工作领导小组,领导小组下设政策制定组、实施推进组、督查验收组、档案整理组4个工作组,每个工作组由1名县处级领导干部任组长,并从涉农部门抽调26名领导干部包抓乡镇,具体负责政策制定、宣传培训、信息收集、公示确认、督查验收、档案整理、纠纷调解等工作。

二、把握政策原则

在此次土地确权工作中我们始终坚持和把握以下几个原则。一是保持稳定原则。此次农村土地承包经营权确权登记颁证工作中,我们反复强调、宣传这次确权是对原有土地二轮承包关系的完善,不是推倒重来,不是重新分田。是在保持现有土地承包关系稳定的前提下开展土地承包经营权确权登记颁证工作,主要是查清承包地块的面积和空间位置,建立健全土地承包经营权登记簿,推动农村土地承包管理的信息化建设,最终实现农民的承包地面积、合同、证书、登记簿"四相符"和承包地块、面积、合同、证书(含示意图)"四到户"。要求各乡镇严禁借机违法调整和收回农民承包地,以已经签

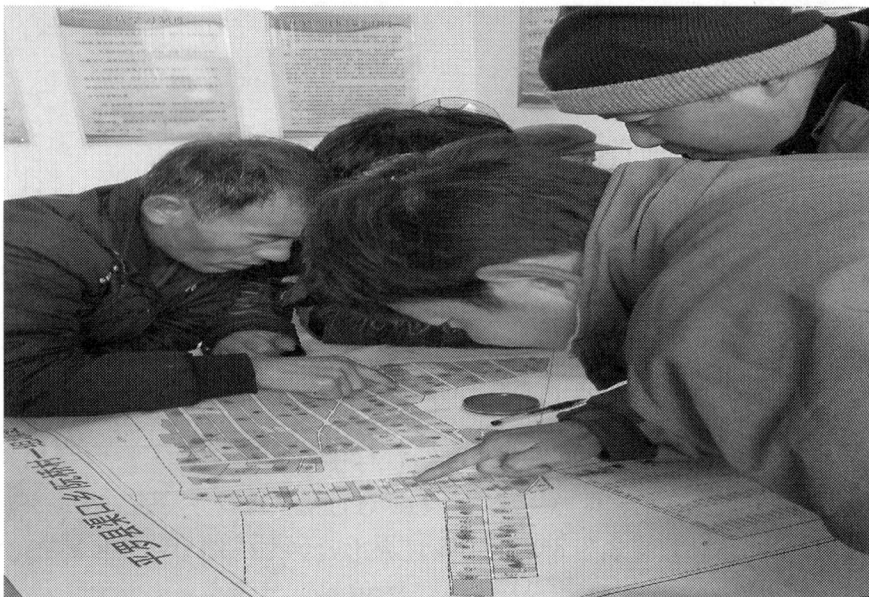

地籍图签字确认(渠口乡阮桥村)

订的土地承包合同和已经颁发的土地承包经营权证书为基础,做到原有土地承包关系不变、承包户地块和面积相对不变、二轮土地承包合同的起止年限不变和不影响正常农业生产经营。二是依法依规原则,严格执行《农村土地承包法》《土地管理法》等法律法规,参照农业部《农村土地承包经营权登记试点工作规程(试行)》规定的登记内容,开展土地承包经营权确权登记颁证工作。三是确地为主原则。凡土地已经承包到户的,原则上都要确权到户到地。个别地方人均耕地少、地形地貌变化大、土地整治、流转等原因造成各农户承包地界址无法明确的,可以因地制宜实行确股确权的方式。四是民主协商原则。充分动员农民群众积极参与此项工作,土地清查、丈量、确权、登记等重大事项应经本集体经济组织成员民主讨论决定,严格执行公示,登记表和测量图在各个小组公示7天,对有异议的及时进行调查纠正,结果要得到农民同意,不得替农民做主、代农民决策,搞强行推动。

三、做实前期准备

针对确权工作时间紧、任务重的实际情况,落实"四个强化",做实前期准备,夯实工作之基。即:强化宣传发动,通过发放致农户一封信、印发政策汇编、召开村民会议等方式，最大限度地调动农户参与积极性，保证每个农户都知道确权工作，对外出不能及时回来的农户进行委托的要有委托书；强化业务培训，采取集中培训、实地演示、外出学习等多种形式，先后组织业务骨干参加区、市土地确权业务培训班，深入理解政策，掌握技术路线。各乡镇召开培训会帮助各工作组成员学深学透确权登记的技术要求、操作方法和作业流程，着力提高工作人员理解政策法规、解决实际问题的能力和水平；强化技术支撑，提前搜集整理二轮承包以来的土地分配到户清册、税费合同到户表、土地流转合同档案等基础资料，摸清二轮土地承包以来的农户变动情况、人口变动情况、征地等具体情况。

四、严格规范操作

严格把握政策界限，强化技术规范，按照上门调查、地块指认、图解测绘、公示审核、归户签字、建立登记簿和建档入库等步骤稳步推进工作开展。要求工作人员严格执行实施方案和操作流程，按照预定程序不变不偏地抓好各环节工作。入户前准备，各村在测绘工作人员入组前可先行对本村各个农户的人口、田块、四至情况进行登记摸底，测绘人员进入后，对每户进行登记，同时进行土地确认，可采取以图指地，也可以地落图，登记的面积包含合同面积、目前面积等，农户在家的进行签字。对界址不清的，要求工作组组织村干部、测绘人员、当事农户以及在当地有公信力的村民等四方人员深入具体地块进行实测。确保信息登记"真"、土地测绘"准"、操作规程"全"。

五、稳妥处理矛盾

农村承包地由于长期未进行土地调整，农村人口变动比较大，在这次重新进行土地确权登记中，政策执行上严格把握界限，确保确权登记工作各项要求不折不扣落实到位，真正体现公开公平公正。一方面，严格遵循《农村土地承包法》《农村土地承包经营权登记试点工作规程》等相关法律法规和政策规定开展确权登记工作，坚持"保持稳定、依法规范、确地为主、民主协商、因地制宜"，对有据可依的矛盾问题依法依规调解处理，对没有明确依据的问题参照相关法律法规和政策精神，秉持"尊重历史、面对现实、平等协商"的原则妥善解决，确保确权登记工作平稳有序开展。同时，县上从司法局、国土局抽调专人负责矛盾纠纷调处工作，要求各乡镇必须做到专人负责，及时上报确权颁证各阶段工作进度和存在的问题,预测确权工作可能引发的不稳定因素等,及时了解掌握工作进展情况,对确权过程中出现的各种矛盾纠纷及时进行调处和化解。截至目前,全县处理各类矛盾纠纷690多起,确保了确权登记颁证工作顺利开展。

平罗县关于规范农村土地经营权流转情况的报告

近年来,平罗县认真贯彻落实自治区党委办公厅、人民政府办公厅《关于规范农村土地经营权流转的实施意见》,积极出台相关办法和措施,加强对土地经营权流转的监管,引导经营主体流转土地发展粮食生产,确保流转土地不发生"非农化"现象。

一、总体情况

根据中共中央办公厅、国务院办公厅《关于引导农村土地经营权有序流转发展农业适度规模经营的意见》和自治区党委办公厅、人民政府办公厅《关于规范农村土地经营权流转的实施意见》精神,平罗县出台印发了《关于引导农村土地经营权有序流转发展农业适度规模经营的实施意见》《平罗县新型农业经营主体土地流转及经营管理办法》《平罗县发展家庭农场指导意见》文件和办法,严格规范土地流转行为,鼓励多种形式的土地流转。2021年,全县耕地流转总面积达47.4万亩,占耕地面积的45.9%。其中,流转入经营大户的面积20.81万亩,流转入专业合作社的面积8.79万亩,流转入企业的面积8.48万亩,流转入家庭农场的面积9.32万亩。流转面积中,种植粮食面积35.46万亩,占流转面积的74.8%,同比增加3.8万亩,增长14.3%。增长主要原因是2020年玉米等粮食作物价格上涨,种植粮食作物比较效益增加。

二、规范土地流转的主要做法

(一)加强监管,引导土地经营权有序流转

1.严把土地流转关口。一是流转农民承包地必须经流转地村委会和流转农民同意,流转土地年限原则上必须达到5年以上,有经营能力的经营主体流转年限可到2027年年底。二是土地流转必须签订自治区农业农村厅统一印

制的委托流转协议和出租合同文本,村委会与农户签订委托流转协议,村委会与新型农业经营主体签订出租合同,依法对委托流转协议、出租合同进行公证。流转合同中约定经营主体以流转经营权证抵押贷款内容。三是土地流转必须申请所在地乡镇人民政府初审,报县农村产权流转交易中心审批,进行工商注册,根据个人意愿办理流转经营权证书,经营农作物的必须全部参加农业保险。

2. 创新土地流转模式。重点培育以家庭成员为主要劳动力、以农业为主要收入来源,从事专业化、集约化农业生产的家庭农场,使之成为引领适度规模经营、发展现代农业的有生力量。引导各类农村社会化服务组织托管农民土地,探索引导农民以承包地、农业机械等入股组建土地股份合作制经营。有条件的乡镇村根据农民意愿,可以统一连片整理耕地,将土地折股量化到户,经营所得收益按股分配。

3. 规范土地流转行为。土地流转充分尊重农民意愿,流转收益归承包农户所有,流转期限由流转双方在法律规定范围内协商确定。严格遵守《平罗县新型农业经营主体土地流转及经营管理办法》,建立经营主体报批、认定、准入、监管、考评、验收、政策扶持、违约责任、退出等制度,对经营法人属县外工商企业流转农民承包地,收取不低于当年流转费50%的风险保证金,由乡镇农经专户储存管理。

4. 强化流转管理服务。依托县乡农村产权流转交易平台,建立土地流转信息发布、审核登记、鉴证备案、监测等制度,将土地流转纳入农村产权流转交易管理范围,规范审核、备案、鉴证等流转交易环节,切实规范土地经营权流转行为,保障流转双方的权益。依法保护流入方的土地经营权益,流转合同到期后流入方可在同等条件下优先续约。

5. 科学设定流转规模。按照《平罗县新型农业经营主体土地流转及经营管理办法》规定,家庭农场流转农户土地面积200~500亩;专业大户流转农户土地面积在100~200亩;农产品加工企业和专业合作社流转农户土地面积200~1000亩;股份合作形式的经营主体农户入股土地面积200~400亩。凡一次性流转土地面积500亩以上的,实行报批制,由乡镇审查其资质和经营能力,报县农村产权流转交易中心,组织县、乡(镇)、村开展风险评估后方可进行流转。

6.合理指导流转价格。建立健全流转基准指导机制,土地流转费由流转双方协商确定,流转费原则上以实物折价(上年水稻或玉米产量计算),确保流转双方利益。合理引导粮田流转价格,降低粮食生产成本,稳定粮食种植面积,今后新增农业补贴向种粮经营主体倾斜。

7.监管流转土地用途。坚持最严格的耕地保护制度,切实保护基本农田。严禁借土地流转之名违规搞非农建设。严禁破坏、污染、圈占闲置耕地和损毁农田基础设施。坚决查处通过"以租代征"违法违规进行非农建设的行为,坚决禁止擅自将耕地"非农化"。利用规划和标准引导设施农业发展和发展粮食生产。

(二)强化扶持,大力培育新型农业经营主体

1.加大政策扶持力度。一是对新型农业经营主体流转的土地,优先列入盐碱地改良、国土整治、中低产田改造等项目给予改良。二是将自治区、市、县农业基础设施建设、农业科技试验示范和推广、优势特色产业发展、农业产业化等农业项目和扶持政策优先向新型农业经营主体倾斜。三是对经营效益好、带动力强、优势特色种植的新型农业经营主体,可整合妇女创业贴息、个体工商户创业贴息、支农再贷款等给予授信贷款或贴息。四是建设仓储、晒场、机库等基础设施的,在农业设施用地上优先按照国土资发〔2014〕127号《关于进一步支持设施农业健康发展的通知》精神做好审批及备案工作。

2.加大技术服务力度。一是对所有经营主体由相关部门指定技术人员实行"一对一"技术服务,指导开展新品种试验示范、新技术推广、病虫害防治等。二是由农技部门统一安排,对经营主体流转地进行测土配方施肥,推广适宜品种,提高其经济效益。

(三)建立健全工商资本流转农民承包地准入监管机制

1.加强流转土地准入监管。一是合理确定租赁时间。对不同的土地类别、不同的经营主体、不同的产业设置以及工商资本经营项目的不同,合理确定租赁期,对从事畜牧养殖、农产品加工等项目的适当延长租赁期,但不超过二轮承包期剩余年限。耕地流转时限不超过二轮延包期限,对开发农村"四荒地"经营农业项目的,最高期限不超过30年。二是合理确定租赁面积。工商资本租赁农户承包地面积初次租赁面积最高不超过1000亩,累计最高不超过3000亩。三是严格进行资格审查。建立由农业农村、乡村干部代表、农民代表、农业专家等多方参与的农地流转审查监督机制,采取书面报告和现场查看等方式,对租赁农地企业(组织或个人)的主体资质、农业经营能力、履约资信、环保测评、项目效益风险、土地用途,以及是否符合当地产业布局和现代农业发展规划等事项进行审查审核。符合审查审核条件的,可以享受相关产业扶持政策和优惠措施;不符合条件的,不得享受产业扶持政策和优惠措施。

2.加强事中事后监管。一是全面核查工商资本租赁农户承包地情况。对工商资本租赁农户承包地情况进行全面清理核查,依法进行规范。对已超出租赁面积和期限上限标准的,在不影响农业生产的情况下,按照合同约定继续履行,合同到期后按照新的规定进行调整;对违法改变农地用途搞非农建设的,组织力量立即查处;督促工商企业按照合同约定及时兑付土地租金,切实保障集体经济组织和农民权益。二是严格租赁耕地质量保护监督。租地企业(组织或个人)应严格按照合同约定在租赁农地上直接从事农业生产经营,未经承包农户同意,不得转租。加强对企业(组织或个人)合理使用化肥、农药等投入品监管,防止出现掠夺性经营,确保耕地质量等级不下降。三是严格租赁耕地用途监督。强化租赁农地的用途管制,鼓励流转土地发展粮食生产,对工商资本租赁农地经营情况定期开展监督检查,及时纠正查处"非农化"违法违规行为。对撂荒耕地的,依法终止合同,并追究责任。对主导产业不符合当地产业规划的,停止享受相关农业生产扶持政策。

3.强化风险防控。一是建立流转土地书面委托制度。工商资本租赁农户承包地,必须经全体农户书面委托村集体经济组织进行租赁,由农户与村集体经济组织签订委托流转协议。二是建立流转土地风险评估制度。对工商资本租赁农户承包地,由工商、农业农村、金融机构、发改、国土等相关部门和乡村干部代表,对企业资金实力、经营管理能力、市场销售能力、金融资信情况等隐性风险进行综合评估,出具风险评估报告,作为准入审核的必备条件。三是建立流转土地风险保证金制度。对社会资本参与土地流转必须先交纳一定数量的资金作为"风险保证金"。工商资本租赁农户承包地应先付租金、后用地。且应于每年3月份之前,向所在村集体经济组织缴纳不低于当年租赁费50%的保证金,用于防范承包农户权益受损。

四、存在问题

一是经营主体流转土地经济效益不明显,示范带动能力不强。受气候因素和市场价格的影响,新型农业经营主体由于前期投资较大,部分出现亏损现象,可持续发展能力较低。

二是流转土地基础设施不完善,影响了经营主体的发展。新型农业经营主体流转土地后,由于劳力和资金限制,在农业基础设施建设等方面还存在较多问题,导致基础设施不完善。

三是资金扶持力度小,制约了经营主体发展积极性。目前区、市、县对新型农业经营主体虽出台了一些扶持政策,但力度不大,需进一步加大资金扶持力度。

四是土地流转监管机制还不健全,部分乡镇和村对种植大户流转土地的经常性监管不够到位,导致部分经营主体和种植大户拖欠农民承包费的现象时有发生。

五、下一步工作措施及建议

(一)引导发展优势特色产业,提升带动能力

立足平罗县优势农业产业,将经营主体发展纳入现代农业产业发展规划,引导新型农业经营主体走专业化、职业化、生态化发展之路。通过项目扶持,积极引导经营主体发展制种、特色瓜菜等特色种植;引导经营主体引进和推广新技术新产品,提高农产品的科技含量;鼓励和支持农业生产经营主体开展种植和养殖产品的深加工,并延伸到储藏、运销以及服务等领域,实现土地效益最大化,提升辐射带动能力。

(二)提高社会化服务,促进经营主体健康发展

重点扶持创办专业化服务组织,为经营主体提供农资配送、农机作业、病虫害防治、工厂化育苗、农产品收购、市场风险预测、新品种改良、良种示范、信息服务等多方位、低成本、便利高效的生产经营服务,为新型经营主体提供产前、产中、产后全程化服务,增强抵御风险的能力,减少经营主体在农业机械上的投入,使经营主体将更多的精力和资金投入到生产管理和谋划长远发展中。

（三）加大资金扶持力度，培育壮大经营主体的发展

在农业项目建设上，需要给予立项扶持，以使农业经营主体获得更多的项目资金、更规范的经营管理和更长远的发展。仓储、机库、晒场是农业经营主体必备场所，对扩大规模、农产品加工流通起到重要作用。在以上基础设施建设上，需要给予优惠政策，并在基础设施建设上给予补贴。对购买大型机械的经营主体建议在国家补助的基础上再给予一定比例的补助。

（四）提高农业保险比例，扩大农业保险品种

提高农业保险比例和扩大农业保险的品种，提高新型农业经营主体的风险保障能力，进而可保障流转农户的权益，避免引发群体性的矛盾。

（五）严格监管机制，保障农民的权益

加大对新型农业经营主体流转农民承包地的用途监管，坚决杜绝流转耕地"非农化"，引导流转大户发展粮食生产。建立新型农业经营主体考评监督机制，重点监督经营主体是否按时兑现流转费，是否存在"非农化"经营，是否存在侵害农民利益等行为。

平罗县三种模式助推农业适度规模经营

随着农业现代化的进程加速,如何发展新型的农业适度规模经营模式,助推现代农业发展,是当前急需解决的一个重要课题。近年来,平罗县在新型农业生产经营主体的推动下,农业生产由传统的分散经营模式正在逐步向以农业产业化为目标的适度规模经营模式转变,目前基本形成了以新型农业生产经营主体流转土地带动型、特色主导产业订单带动型和农业生产托管服务型3种模式。

模式一:流转土地带动型

针对"谁来种地、地怎么种"的问题,出台了《平罗县工商资本租赁土地从事农业生产经营准入监管暂行办法》《关于引导农村土地经营权有序流转发展农业适度规模经营的实施意见》《平罗县新型农业经营主体土地流转及经营管理办法》等配套文件,建立了经营主体准入、监管、考评、扶持、退出等机制。严把土地流转关口,对工商资本租赁农户承包地收缴风险保证金,稳定了土地承包关系,有效保障了农民权益。全县共培育新型经营主体948个(其中种植业371个),带动全县土地流转40.4万亩,占全县耕地面积的41%,流转农户13000户,占全县农业总户数22%。实现土地经营由细碎分散向规模集约转变、经营方式由传统粗放向现代高效转变、农民收入由单一受限向多元增长转变。

模式二:特色主导产业订单带动型

按照"特色立农、质量兴农、品牌强农"方针,围绕"1+3"产业布局,依托平罗县农民专业合作社、家庭农场和涉农企业,采取"公司+合作社+基地+农户"的订单农业模式,每年建成各类标准化园区100多个,全县参与订单农业的合作社、家庭农场、农业企业达到960家,订单农业面积达到60万亩。采取订单生产方式,建成"五优"水稻基地,全县优质水稻面积达18万亩,占81.8%;依托种子生产流通企业,采取订单生产方式,以头闸、高庄、黄渠桥为优势区域,建设自治区级现代农业(制种)产业园,农作物制种面积达15.2万亩。蔬菜种子订单产业已成为平罗县农业产业化程度最高、带动农户最广、农民收入比重最大、农业效益最为显著的特色产业。通过"公司+基地+农户"的订单发展模式,带动2.86万户农户从事蔬菜种子订单生产,农民来自繁(制)种的纯收入占全县农民人均纯收入的10.2%。

农业生产托管服务促进特色产业规模发展

模式三:农业生产托管服务型

随着农民进城居住和外出务工人员的逐年增加,使农业生产面临新的问题:打工顾不上种地,种地耽误打工挣钱,导致青壮年劳动力多数外出打工,在家务农多为老弱群体,无法使用机械耕作,对农业新技术推广应用接受能力差,种植方式守旧,管理粗放。再加上一家一户种植,地块零散,形不成规模,农业机械利用率低、费用高等。针对这一问题,为进一步健全农业社会服务体系,引领小规模分散经营农户走向现代农业发展轨道,提升平罗县主要农产品生产效益,逐步把小农户引入现代农业大格局,使小农户成为发展现代农业的积极参与者和直接受益者,有效促进农业增效农民增收。近年来,平罗县加大了农业社会化服务组织的培育和农业生产托管服务模式的示范推广,围绕平罗县水稻、玉米、小麦、瓜菜等特色优势产业,确定了粮食作物的播种前平田整地、配方施肥、机播、统防统治、机收、土地深松深耕等;瓜菜的平田整地、种子(种苗)、田间管理、收获、加工精选、土地深松深耕作为农业生产托管服务的重点环节,通过聚焦优质粮食、瓜菜等特色优势产业生产,支持农业生产托管服务关键环节和薄弱环节,引导小农户接受统一种、防、管、收等全部或部分作业环节的服务,实现服务规模经营,促进小农户与现代农业有机衔接。全县农业社会化服务组织共54家,其中,合作社31家,企业23家,建成农业社会化综合服务站8家(三星级4家、二星级4家)。全县农机装备总动力达65.68万千瓦,2020—2021年共推广粮食、蔬菜、饲草等作物全程托管服务12.5万亩,小麦、水稻、玉米三大粮食作物的综合机械化率达94.1%,秸秆综合利用率达85.7%。全县农业生产托管服务面积达261.8万亩次。全县农业生产土地托管服务面积逐步扩大,节本增效成效不断显现。其中,水稻托管每亩节本增效180元,蔬菜托管每亩节本增效200元,饲草玉米每亩节本增效120元。

在农业生产托管服务模式推广中,我们始终坚持以下几点。一是服务小农户。把引领小规模分散经营农户走向现代农业发展轨道作为发展农业生产社会化服务的重点。坚持带动农户发展原则,把服务小农户作为政策支持的重点对象,着力解决小农户的生产难题。二是服务带动。把突破小规模分散经营制约、发展农业规模化生产作为支持农业生产社会化服务的关键。以支持农业生产托管为重点,推进服务带动型规模经营,在尊重农户独立经营主体地位前提下,集中连片推进规模化生产。三是服务重要农产品。把提升优质粮食、瓜菜等产业生产效益作为目标。通过改进农业生产服务方式,增强农产品供给保障能力,提高产品综合效益和竞争力。四是以市场为导向。充分发挥市场配置资源的决定性作用,财政补助重在引导培育市场主体,服务领域主要集中在产业发展的关键和薄弱环节;补助标准不能影响服务价格形成,不能干扰农业服务市场正常运行,引导农业生产社会化服务长期健康发展。

农村土地流转中工商资本风险防范机制研究

党的十八届三中全会提出"鼓励和引导工商资本到农村发展适合企业化经营的现代种养业,向农业输入现代生产要素和经营模式"。近年来,全区农村土地承包经营权流转稳步推进,其中工商资本租赁农民承包地也呈现增长势头。为了加快建立工商资本租赁农民承包地准入监管和风险防范机制,发挥多种形式农业适度规模经营引领作用,稳步推进农村土地适度规模经营,平罗县自2015年开始,就农村土地流转中工商资本风险防范机制进行了试点。本报告以平罗县为例,通过对工商资本租赁农民承包地必要性、基本现状和利弊进行研究分析,提出了建立工商资本租赁农民承包地风险防范机制的意见建议。

一、建立工商资本租赁农户承包地风险防范机制的意义

工商资本从广义上泛指二、三产业范畴内的生产经营资本,从产业上,包括房地产业、煤炭业、农产品商贸流通等领域内资金;从来源上,可以分为城市工商资本和农村自有的工商资本积累。

(一)工商资本租赁农户承包地进入农业领域的背景

1.宽松的国家政策为工商资本租赁农户承包地进入农业领域提供了良好的外部环境。党的十八届三中全会首次明确提出"鼓励和引导工商资本到农村发展适合企业化经营的现代种养业",进一步提升了工商资本进入农业领域的"士气"。

2.资本的逐利本性驱动工商资本拓宽发展新出路。近年来,受宏观经济形势趋紧、产业结构深度调整等影响,二、三产业的多数领域竞争激烈,煤炭、房地产等行业发展不景气,因此,部分发展潜力较大,风险较小的农业领域成

为工商资本获取新的利润增长点的重要渠道。

3.农业的转型升级为工商资本进入提供了广阔空间。随着人民生活水平的提高,优质、安全的农产品市场需求旺盛;作为基础产业,农业还具有休闲、创意、体验等多种功能,通过整体包装策划可以获取更高的附加价值,而这些都吸引着工商资本竞相进入。

4.新型城镇化战略拉动工商资本进入农业和农村领域。城镇化过程中,既要有农民居住等生活方式的改变,又要有农业生产经营模式的变革,是一项系统工程,需要大量资金投入。除了国家财政投入外,更多的还要靠工商资本投入。

(二)建立工商资本租赁农户承包地风险防范机制的必要性

1.有利于稳步推进农业现代化进程。工商资本到农村租赁土地从事农业生产经营,较高的生产经营成本以及自身的眼界、经营经验,都决定了其不可能继续采取传统农业的经营方式,必须通过"向农业输入现代生产要素和经营模式",针对农产品细分市场,借助品种、品质、品牌和规模化、标准化生产、科技水平的提升,增加农产品的附加值。以平罗县华泰农农业科技发展有限公司为例,该公司由深圳客商林伟光注册成立,在平罗县陶乐镇租赁耕地5000多亩建设特色瓜菜种植基地,打造沙漠绿色瓜菜品牌。该公司在基地建设中,坚持科技引领、坚持标准化生产、注重品牌创建、坚持产销一体化,以市场所需决定生产品种,以生产品种决定技术标准,以技术标准决定生产管理,以生产管理决定产品品质,以产品品质决定市场价格,从而实现以销定产、产销结合,走产业化发展之路,为如何推进现代农业发展作了示范。因此,建立工商资本租赁农民承包地风险防范机制,保障工商资本在农业领域稳步健康发展,十分有利于推进农业现代化进程。

2.有利于避免损害农村集体和农民的切身利益。据调查,部分工商企业是由当地政府或村级组织通过招商引资引进的,在土地流转过程中,由于当地政府急于使招商项目落地,有时会存在违背农民意愿,通过采取各种方式和手段,迫使部分农户流转土地承包经营权的现象。同时,在承包合同的签订上,地方政府及乡村组织从政绩考核和自身利益出发,往往站在强势的工商企业一边,导致在协议条款上,有时会出现土地租赁价格缺少年度递增条款,租赁时间过长等现象,损害农民利益。而且部分工商企业租赁农民承包地后,由于资金、管理等方面不到位,导致中途经营不下去,而流转合同中又缺乏退出约束、保障等机制,造成单方面终止合同,给村集体和农民造成很大损失。如:平罗县众鑫禾粮食产销公司于2009年开始在平罗县红崖子乡租赁国有河滩地、流转农民承包地共3800多亩,截至2014年,由于经营管理不善、资金链断裂,造成农民土地流转费无法按照合同兑现,该合作社以贷不到款为由拒不履行合同,给当地乡村两级组织和农民群众造成了很大损失。因此,通过建立工商资本租赁农民承包地风险防范机制,从准入监管、事前事中事后监管等方面进行风险防范,有利于避免损害农村集体和农民的切身利益。

3.有利于防止农村耕地"非粮化"和"非农化"。工商资本进入农业领域,除看好农业的发展前景,还奔着各级政府农业招商引资的优惠政策和农业用地而来。同时,少数工商企业因用地受到严格限制,就通过投资农业取得用地,在获得扶持资金后,舍弃相对收益较低的纯农业项目,而追逐利润高的非农生产经营项目。如中节能太阳能科技股份有限公司在平罗县高庄乡威镇村租赁土地1183亩,实施20兆瓦光伏农业科技大棚项目,经过几年建设,光伏农业科技大棚已于2015年年底全部建成,但据调查目前项目仍主要以光伏发电为主,没有将农业科技大棚农业生产经营放在重要位置。因此,建立工

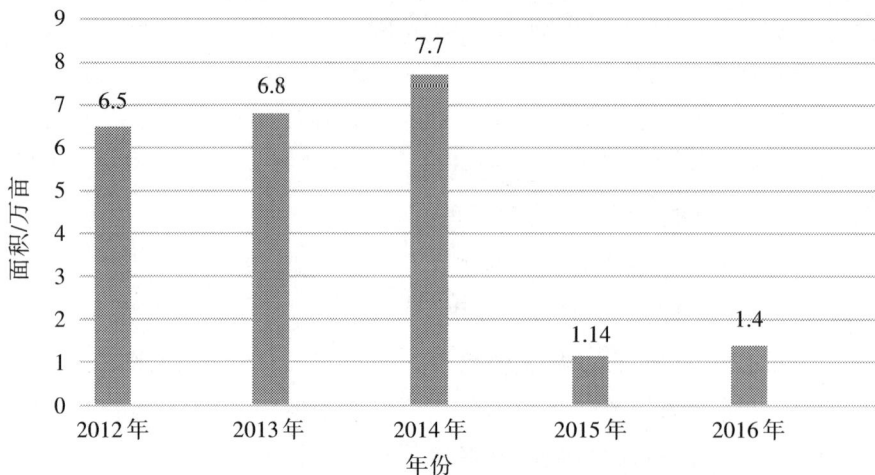

图1 平罗县历年新增土地流转面积基本情况统计

商资本租赁农民承包地风险防范机制,加强租赁土地用途监管,有利于防止农村耕地"非粮化"和"非农化"。

4.有利于促进农村土地适度规模经营。农村土地流转经过2012、2013、2014年3年的高峰期,目前已进入稳步、理性的发展阶段。前期由于在土地流转中有盲目跟风、不切实际的现象,加上部分工商企业缺乏农业生产经营管理经验和能力,部分地区土地流转价格虚高,玉米等主要农产品市场价格低迷等综合因素,造成近两年部分流转土地的新型农业经营主体和工商企业出现亏损、入不敷出的现象,甚至部分工商企业和经营主体单方面终止了土地流转合同,一定程度上影响了土地流转的正常、稳步推进,造成新型农业经营主体和工商资本流转土地的积极性越来越低。鉴于这种情况,急需通过建立工商资本租赁农民承包地风险防范机制,加强准入监管,加大扶持力度,保证工商资本租赁农民承包地生产经营能够稳步盈利,才能重振新型农业经营主体和工商资本租赁土地的信心,进而促进农村土地适度规模经营。

二、工商资本租赁农户承包地现状和特点

(一)基本情况

宁夏工商资本投资农业起步于20世纪90年代初,当时一部分先富起来的农民企业家率先在家乡从事种养业和农产品初加工。随着市场经济的发展,市场对农产品的需求日益扩大,农业结构不断优化调整,农业的生产经营方式逐步从传统的小农经济向贸工农、产加销一体化的现代产业化经营转变,农业的功能也从单一的生产功能向生产、生活、休闲等多种功能转变,客观上为工商资本进入农业领域创造了有利条件,一些工商资本开始投向农业,并呈加快的趋势。

表1 平罗县工商资本租赁农户承包地基本情况统计

项 目	投资农业领域工商资本数量(个)	租赁土地面积(万亩)	租赁面积占全县耕地面积的比例(%)	租赁面积占当年土地流转面积的比例(%)	投资额(亿元)
2010年	26	2.1	2.2	2.6	2.1
2015年	78	9.6	10.1	28	4.2

（二）主要特点

1.投资主体多元。投资农业的工商资本企业既有本地工商企业、个体工商户，也有区外的企业和个人，呈现出多元化投资格局。有在外经营工商企业成功后，回乡开发农业的。如平罗县丰叶绿宝专业合作社负责人张宝，多年在银北地区从事房地产开发及建筑行业，2012年回渠口乡承包了3000多亩耕地，从事青贮玉米种植、苗木繁育、作物制种等生产经营，并注册成立了平罗县丰叶绿宝专业合作社，取得了较好的社会效益和经济效益。也有城市工商业主到农村投资农业的。如灵武从事房地产业的时代聚源公司负责人张飞宇，原来从事房地产行业，2013年在平罗县黄渠桥镇租赁农民承包地和村集体土地5000多亩，从事粮食作物种植。

2.投资领域较宽。工商资本租赁农民承包地投资农业领域，既有投资种植养殖业、农产品加工业，也有投资农产品流通和休闲观光农业。

表2　2015年平罗县工商资本投资农业领域基本情况统计

投资产业	种植业	养殖业	加工流通业	服务业	其他
数量（个）	22	16	18	9	13
比例（%）	28.2	20.5	23.1	11.5	16.7

3.投资步伐加快。近年来，由于煤炭、房地产等行业不景气，工商资本租赁农民承包地投资农业的积极性有所提高。例如广东客商注册成立的平罗县宏顺达生态农业科技发展有限公司，在平罗县姚伏镇流转3000多亩耕地，先后投资5000多万元从事供港蔬菜生产经营。

4.投资理念先进。工商资本租赁农民承包地投资农业领域，将先进的生产经营理念带到农业领域，普遍实行公司化运作、标准化生产、企业化管理、产业化经营，将农业的生产、加工、销售各环节有机连接起来，按照市场需求有计划地组织生产，实现工业和农业的高起点对接，对推进农业现代化进程起到了有力的带动作用。

（三）取得的成效

1.经济效益。工商资本租赁农民承包地从事农业生产经营，在降低成本、提高产出、优化品质、提升附加值等方面可以有效提升经济效益。一是通过规模化生产、机械化耕作,大大降低了单位面积土地投入成本,特别是在劳动力投入上较农户一家一户的生产经营成本低,达到了节本增效。二是通过采取先进技术和模式,可以提高单位面积土地产出,在产出上较农户生产经营高。三是通过标准化生产技术和操作规程的应用,可以大幅提高农产品质量和标准,进而提高产品的市场竞争力。四是通过产品初加工、品牌创建、产品营销等措施,可以有效提高产品的附加值,进而提高经济效益。据初步调查,如果经营管理措施到位,能示范推广先进的农业科技和标准化技术规程,后期营销措施到位,工商资本租赁农民承包地从事规模化生产经营较农户一家一户的生产经营亩均增收为50~200元。

2.社会效益。工商资本租赁农户承包地投资农业领域,在示范带动、解决就业、促进增收等方面取得了较大的社会效益。一是通过直接从事大田种植业,向农业生产经营输入了"现代生产要素和经营模式",引进了现代农业科技和经营理念,调整农业产业结构,延长了农业的产业链条,提高了土地的产出率,促进了现代农业的发展。二是通过为农业引进发展资金、技术和人才,提高了农业装备水平,推动了农业科技进步。三是通过采取土地租金+雇工工资的方式分利给农民,盘活农村资产、增加就业,带动了农民增收,作用不小。四是通过企业带动,在企业打工的农民或周边农户,掌握了一定的技术,观念也得到改变。因此,工商资本投资农业,在提高农业现代化水平和市场竞争力方面起到了其他经营主体难以取代的作用。

三、工商资本租赁农户承包地的风险

社会工商资本租赁农户承包地进入农业领域,在资金、技术、市场开发、经营理念、经营规模等方面具有其他新型农业经营主体所无法比拟的优势,对促进农业增效、农民增收和农村繁荣发挥了积极的推动作用,但其中存在的风险和隐患也不容忽视,必须引起高度重视。从调查情况看,工商资本租赁农户承包地进入农业领域目前存在以下5个方面的问题。

(一)租赁时间过长有隐患

从一些已流转的项目来看,工商企业都希望土地流转时间越长越好,特别是"四荒地"等集体资源的流转合同时间相对过长,普遍超过30年,有的由

于管理不规范甚至达到50年,由此带来了3个方面的问题:一是时间过长,随着社会发展或政策调整,极易在土地发生征占中就补偿等问题与政府、集体经济组织和农民间发生纠纷和矛盾。二是受政策或市场的影响,土地的预期价值难以估算,往往造成土地流转价格较低且没有递增条款约束,造成村集体经济组织和农民群众的利益得不到保障。三是时间过长不利于主管部门对土地的使用监管。例如平罗县在2012年农村土地改革试点开展之前,由于监管不到位,部分工商资本甚至以每亩每年0.1~0.5元的价格租赁农村集体土地,有的流转期达到50年,且土地租赁费一次性付清,没有递增条款约束,导致现在村集体经济组织和农民的利益受到严重损害,遇到政府建设公益事业或招商引资需要征占该土地时,工商资本又往往狮子大开口,造成政府非常被动和无奈。

(二)租赁规模过大有风险

就目前平罗县已流转土地项目分析,连片规模在1000~2000亩的占26%,2000亩以上的占13%。如此大的规模流转项目,大部分都是社会工商资本的介入或直接参与。面积过大投入就大,面临市场的风险也大,面临的主要问题如下。一是流转规模过大,企业的管理成本上升,而且在管理中也容易出现人员管理不到位、劳动效率不高、技术措施落实不到位等现象,同时也不利于精耕细作,土地产出的边际效益下降(据测算,面积在300亩以内,亩产效益最大,超过300亩,亩产效益下降),总体效益不高。二是农业投资与工业及其他非农方面的投资不同,它有自己显著的特点。一方面,农业收益期较长,农业以动植物生长为产出,因而生产周期比一般的产业都要长,甚至会达到数年,这对流动资金的长期投入产生巨大压力;另一方面,农业面临双重风险,即自然风险和市场风险,农作物的生产和自然条件有很大的关联,难以受人为控制;同时,农产品又容易受市场价格波动的影响,因为农产品本身的需求弹性较低,但是其供给弹性又相对较高,所以,即使是很微小的波动,可能也会给投资者造成不同程度的损失,造成有的工商资本无法承受而导致资金短缺,农户流转费无法兑现,极易引起农村社会的不稳定。三是大规模经营往往在前期需要在土地整治、机械购置、设施配套等方面投入大量的资金,往往给工商企业造成很大的压力,而农业生产的一个特点就是经营效益增长空间有限,收益期较长,因此往往造成前期生产经营入不敷出,到一定阶段容易出现资金链断裂的问题。如平罗县龙源公司于2011年在黄渠桥镇租赁农户承包地1100多亩从事水稻生产,在生产经营中由于管理不善、效益不高,最终导致2015年资金链断裂,无法兑现农民流转费而解除流转合同,给当地村集体经济组织和农民造成了很大损失。

(三)替代农民有隐忧

资本的逐利性,导致工商资本直接参与农业生产过程中,可能有效地解决农业问题,但不能解决农民问题。对资本运作的工商企业来说,在顺利实现了规模生产、机械化作业、现代化经营的同时,一般可以获得可观的利润回报,但是这种可观的利润与土地流转后的农户获得的收益是不成正比的,从而在农村形成强势的工商资本与弱势的农民间的新的"二元结构"。一是因为任何社会资本下乡租赁了土地之后,不可能把原来土地上劳作的所有农民都雇佣下来,大部分农民就要离开土地,从而产生"挤出"效应,而在当前城镇就业、农村社会保障体系等多方面问题没有得到很好解决的情况下,极易引发社会问题。二是对于转出自己承包土地的农户来说,农民的经营主体地位发生了改变,从过去经营自己土地和生产产品的业主,变化为给别人生产产品的雇工,这会对农民心理和农村社会结构产生较大的影响。三是工商资本大量进入,由于其资金、技术、管理的优势,对同一区域内的农民生产业主形成打压,不利于农民收入的持续稳定增长,同时也不利于当地社会的稳定。四是部分50岁以上的老年农民由于无法外出务工,不流转土地在经营土地的同时,还可以从事畜禽养殖补贴家用。但土地流转后,家庭各项费用支出全凭流转费,而有的流转费远远不能满足正常的生活支出,造成了新的返贫现象。

(四)土地非农化、非粮化方面有隐忧

工商企业除看好农业的发展前景,还奔着各级政府农业招商引资的优惠政策而来。近年来,自治区、市和各县区均出台了一系列扶持新型农业经营主体流转土地方面的财政补贴政策,除了对农业企业实行税收、土地、财政等多方面的支持外,还在农民专业合作社奖补、规模经营、高效农业奖励资金等方面给予扶持,有的工商资本醉翁之意不在酒,而是奔着这些扶持政策而

来。部分工商资本大面积租赁农民土地,通过投资农业取得用地,在获得扶持资金后,舍弃相对收益较低的纯农业项目,而追逐利润高的非农生产经营项目,如建设私人农庄、会所、农家乐、办公楼。这些土地被"圈占"后,当地群众不仅不能受益,还会因为开发而受损。同时,工商资本进入农业领域,主要瞄向价值较高的蔬菜、水果、花卉苗木等经济作物和生猪等规模养殖、特色养殖业,对粮食生产感兴趣的不多。课题组在平罗县接触了十几家企业,真正从事粮食生产的只有为数不多的几家。所到之处,无论是农业科技园区,还是示范基地,大都是弃粮转经。据统计,平罗县工商资本流转土地后从事粮食生产的不到50%,一定程度上影响了国家粮食安全。

(五)外部环境带来的经营风险

看好农业发展前景将巨额资本投入农业产业领域的工商企业,在农业经营过程中,遇到不少外部环境造成的困难。一是跨行业发展,缺乏从事农业生产经营的经验。据调查,平罗县租赁农民承包地从事农业生产经营的工商资本中,有62%的投资主体原来从事的是与农业无关的其他产业,如煤炭行业、建筑行业等。由于对农业生产经营缺乏经验,只是看到农业的发展前景,以为搞农业比其他产业容易一些,有的企业仓促选择投资项目,看到别人赚钱,就跟风搞蔬菜、花卉苗木、特色种养业等,对自身经营农业的能力和投资农业风险估计不足。一些企业因经营不善和效益不佳而退出农业经营领域,由此带来土地常年荒芜、农户租金无从着落等一系列后遗症。二是资金、人才等要素短缺,经营较为困难。现代农业的建设资金巨大,贷款很难,多数工商资本对此估计明显不足,导致后期资金短缺。调查表明,平罗县投资农业的工行资本目前有近40%资金短缺;同时,工商资本投资农业的领域大多是高品质、高效益的特色农业,同样需要懂技术、懂经营的专门人才。但这类人才不仅难聘到,而且聘到后也难留住。调查显示,有一半的农业企业缺乏农业专门人才,给企业提高生产经营效益、发展现代农业造成一定影响。三是农业风险大,农业保险问题多。农业保险的品种太少、覆盖面太窄,一旦遇到大的灾害企业损失惨重,但获得的保险赔偿金却很少。四是由于是外来工商资本,在与周边村民的接触中矛盾冲突也很多,影响企业的正常生产经营。如平罗县部分工商企业反映,在流转土地灌水过程中,必须要等到渠系上游的农户灌溉完以后,才能轮到自己灌溉,有时往往错过了农时季节,给企业造成了很大损失。

四、建立工商资本租赁农户承包地风险防范机制的总体要求

(一)总体思路

按照《关于加强对工商资本租赁农地监管和风险防范的意见》精神,通过探索建立程序规范、便民高效的工商资本租赁农户承包地资格审查、项目审核、事中事后监管等制度,健全多方参与、管理规范的风险保障金制度,对工商资本租赁农户承包地实行分级备案,严格准入门槛,加强工商资本租赁农户承包地准入监管和风险防范,防止出现工商资本到农村流转土地后搞非农建设、影响耕地保护和粮食生产等问题,确保在不损害农民权益、不改变土地用途、不破坏农业综合生产能力和农业生态环境的基础上,促进农业适度规模经营,提升农业产业化水平。

(二)基本原则

1.保障粮食安全,促进农民增收。对工商资本租赁农户承包地要有严格的门槛,租赁的耕地只能从事农业生产,不能改变用途,而且必须保证区域内租赁的耕地按照一定比例从事粮食生产经营,确保耕地红线不突破,确保国家粮食安全和农民增收。

2.尊重农民意愿,依法自愿有偿。在农村土地流转中要充分尊重农民主体地位,发挥市场配置功能,坚持依法自愿有偿,强化政府扶持引导,不搞强迫命令,不损害农民权益。在价格协商、合同拟定等环节要严格遵照相关法律法规,公开平等,依法自愿。

3.适度规模经营,发展现代农业。坚持经营规模适度和农地农用,避免片面追求超大规模经营。鼓励工商资本发展技术密集型产业,从事农产品加工流通和农业社会化服务,把现代经营理念和产业组织方式引入农业,推动现代农业发展。

(三)主要目标

探索建立科学规范的工商资本租赁农民承包地准入、审核、监管、风险防范等机制,引导工商资本规范、有序租赁农民承包地,促进农业适度规模经营,有效控制和防止农村土地规模经营风险和隐患。同时,通过优化要素资

源配置,鼓励工商资本发展技术密集型产业和良种种苗繁育、高标准设施农业、规模化养殖等适合企业化经营的现代种养业,推进"公司+农户"模式,提升农业科技和产业化水平,加快改造传统农业和建设现代农业。

五、建立工商资本租赁农户承包地风险防范机制的对策建议

(一)加强流转土地准入监管

1.合理确定租赁时间。对不同的土地类别、不同的经营主体、不同的产业设置以及工商资本经营项目的不同合理确定租赁期,对从事畜牧养殖、农产品加工等项目的可适当延长租赁期,但不得超过二轮承包期剩余年限。耕地流转时限不得超过二轮延包期限,对开发农村"四荒地"经营农业项目的,最高期限不得超过30年。土地流转要结合当地总体规划,禁止审批列入城市规划区和园区内的农村土地流转项目。鼓励采取分期租赁的方式,防止工商资本长期租赁、占用农户承包地。

2.合理确定租赁面积。工商资本租赁农户承包地面积应根据其资金实力、经营项目性质、经营管理能力确定,但初次租赁面积最高不得超过1000亩,累计最高不得超过3000亩。确有雄厚资金实力和良好经营业绩的,经批准可逐步扩大租赁规模。

3.严格进行申请报备。要按照工商资本租地面积的多少,以县为主建立农村土地经营权流转申请报备制度,由企业申请,乡村登记,报县农改办审核备案。备案内容包括农地租赁合同、租赁面积、使用情况等。对租赁农地超过当地上限控制标准或者涉及整村整组流转的,要作为备案重点,提出明确要求。建立分级报备制度,一次性流转面积在1000亩(含1000亩)以下的,由乡镇备案;一次性流转面积在1000~1500亩(含1500亩)的,报县级农业主管部门备案。通过建立申请报备制度,便于准确掌握工商资本租地情况,更好实施监督。

4.严格进行资格审查。严格执行中央精神,鼓励和提倡适度规模经营,严格控制超大规模集并土地流转项目。建立由农牧、乡村干部代表、农民代表、农业专家等多方参与的农地流转审查监督机制,采取书面报告和现场查看等方式,对租赁农地企业(组织或个人)的主体资质、农业经营能力、履约资信、环保测评、项目效益风险、土地用途,以及是否符合当地产业布局和现代农业发展规划等事项进行审查审核。符合审查审核条件的，可以享受相关产业扶持政策和优惠措施；不符合条件的，不得享受产业扶持政策和优惠措施；与国家法律政策相抵触的，进行限制或禁止。鼓励和引导社会工商资本参与产前、产后社会化服务及发展现代农业过程中农民想干而又干不了的农业开发项目。

5.建立土地经营权的法律地位。为稳定和完善农村土地承包关系，创新农村土地经营机制体制，实现真正意义上的"三权"分离，保障土地所有者、承包者和经营者的合法权益，让流出方依法拥有土地承包权、流入方依法取得土地经营权。建议使流入方的土地具有物权效应，明确其法律地位。如受让方有抵押融资需求的，可比照房产抵押程序，由主管部门经过相关程序审核后，受让方以流转经营权的相关法律文书换取"土地流转经营权证"，办理融资业务。

6.切实规范流转合同。对流转合同进行进一步修改完善，流转合同中应明确土地流转用途、风险保障、土地复垦、能否抵押担保和再流转，以及违约责任等事项。对工商资本租赁农户承包地合同全部进行司法公证，并向工商企业颁发"租赁经营权证"，赋予工商企业租赁土地相关的权能。

(二)加强事中事后监管

1.全面核查工商资本租赁农户承包地情况。定期对工商资本租赁农户承包地情况进行全面清理核查，依法进行规范。对已超出租赁面积和期限上限标准的，在不影响农业生产的情况下，可按照合同约定继续履行，合同到期后按照新的规定进行调整；对违法改变农地用途搞非农建设的，要组织力量立即查处；督促工商企业按照合同约定及时兑付土地租金，切实保障集体经济组织和农民权益，对违约拖欠农户租金的，要督促企业（组织或个人）尽快清偿。

2.严格租赁耕地质量保护监督。坚持最严格的耕地保护制度，切实保护基本农田，切实保障农地农用。租地企业（组织或个人）应严格按照合同约定在租赁农地上直接从事农业生产经营，未经承包农户同意，不得转租。加强对企业（组织或个人）合理使用化肥、农药等投入品监管，防止出现掠夺性经营，确保耕地质量等级不下降。

3.严格租赁耕地用途监督。按照"不改变所有权属、不改变农业用途、不破坏综合生产能力"的要求,强化租赁农地的用途管制,采取坚决措施严禁耕地"非农化"。农牧部门和乡村两级要对工商资本租赁农地经营情况定期开展监督检查,鼓励和支持农村集体经济组织和承包农户对租赁农地利用情况进行监督,采取设立举报电话、举报箱等手段实施动态监测,及时纠正查处违法违规行为。对撂荒耕地的,可依法终止合同,并追究责任。对主导产业不符合当地产业规划的,停止享受相关农业生产扶持政策。同时,跟踪企业对农业经营项目的投资进度,防止套取国家项目资金和出现半拉子工程。

4.探索建立租赁土地退出机制。对失信租赁农户承包地企业要通过企业信用信息公示系统向社会公示,并启动联合惩戒机制。特别对擅自改变农业用途、严重破坏或污染租赁农地等违法违规行为,一经发现,责令限期整改,并依法追究相关责任,解除合同。对恶意拖欠租赁费等违反合同约定的,流出农户和村集体经济组织可依法解除农地租赁合同,并要求赔偿。

(三)强化风险防控

1.建立流转土地市场化运行机制。工商资本租赁农户承包地应通过县乡农村产权流转交易机构等公开运行的市场规范进行,县乡农村产权流转交易机构要尽快建立健全市场运行规范,明确交易原则、交易内容、交易方式、交易程序、监督管理及相关责任等事项,确保租赁程序规范合法,通过规范程序防范风险。

2.建立流转土地书面委托制度。工商资本租赁农户承包地,特别是整村整队租赁的,必须经全体农户书面委托村集体经济组织进行租赁,由农户与村集体经济组织签订委托流转协议,不能以少数服从多数的名义,将农户承包地集中对外招商经营,防止强迫命令。不得以下指标、定任务等方式强迫农户流转农地。

3.建立流转土地风险评估制度。对工商资本租赁农户承包地,组织工商、农牧、金融机构、发改、国土等相关部门和乡村干部代表,对企业资金实力、经营管理能力、市场销售能力、金融资信情况等隐性风险进行综合评估,出具风险评估报告,作为准入审核的必备条件。

4.建立流转土地风险保证金制度。工商资本租赁农户承包地应先付租金、后用地,且应于每年3月份之前,向所在村集体经济组织缴纳不低于当年租赁费10%~30%的保证金,用于防范承包农户权益受损。指导乡村制定《租赁农地风险保证金使用管理办法》,缴纳的保证金由村集体经济组织管理,不得挪作他用,租赁合同期满租赁者无违约行为的,应当及时予以退还。探索建立工商资本租赁农户承包地退出机制,对因经营不善等原因造成工商资本不能继续经营租赁承包地的,要按照合同约定履行相关违约责任。探索建立风险保证金与农业产业发展基金、农业保险等结合机制,将风险保证金注入产业发展基金,工商资本种业基地在参加农业保险的基础上,可优先从产业发展基金中获得贷款,提高风险保障能力。各级财政对工商资本缴纳保证金给予适当补助。

5.建立土地流转风险防控体系。对工商资本租赁农户承包地进行强制保险,政府对保险金缴纳予以适当补贴;建立租赁农户承包地工商资本信用体系,并实行信息共享,根据其信用情况兑现相关补贴政策,进行风险评估;建立健全农村土地流转矛盾纠纷仲裁机构,为工商资本租赁农户承包地提供法律仲裁服务。

(四)强化引导,促进工商资本投资农业领域健康发展

1.积极引导工商资本投资适合企业化经营的农业产业领域。工商资本下乡是带动,不是代替农民发展现代农业。要引导工商企业(组织和个人)进入农户家庭及合作社无法承担的关键环节和产业发展的薄弱环节,确保以农民为主体推进现代农业发展,特别不能以财政资金、优惠政策去引进对农民只有排斥、没有带动效果的企业。重点应积极引导工商资本投资现代化程度低而且难度又比较大、经营效益比较低的产业,如优质粮食、牛羊养殖、制种等产业。同时,要引导工商资本投资为农业产前产中产后服务的加工、营销、农资、农机和技术服务的现代农业服务业。要把适合于农户家庭经营、合作经营和农民集体经营的农业产业留给农民,避免工商企业与农民争地、争利。

2.加大扶持力度,促进工商资本投资农业领域稳步发展。对于工商资本投资的农业企业,其合法租赁的农民承包地,要核发农村土地流转经营权证;投资建设的房屋、厂房、设备要核发设施用地使用权等产权证。要积极与各类金融机构协调,探索企业以土地流转经营权、农业设施用地使用权、设施设备、农产品评估折价等作抵押担保,破解农业贷款难的问题,切实解决工商资本进入农业后的周转资金短缺问题。要建立农业技术推广服务人员联系企业制度,及时指导企业解决生产过程中的技术难题。帮助工商企业加强与农业大专院校和农业科研机构的联系,保障专业人才供给和加快科研成果转化,加大人才培训力度,切实解决农业企业专门技术人才短缺的问题。对单位土地产出效益高、解决本地就业数量多、生态功能显著的工商资本主体实行以奖代补。积极推进农业保险,针对工商资本经营特点,增加蔬菜、制种、畜禽养殖等农产品保险业务,增加交费额度,提高保险额度。

3.妥善解决矛盾冲突,为工商资本健康发展创造良好环境。农民与农业企业的矛盾大都是农民承包地流转引起的,有的是历史遗留问题。农业企业的农业经营效益好,而农民得到的承包地流转费低,导致农民心理上的不平衡,有时会影响农业企业的正常生产经营活动,也有少数不法农民偷盗田间地头的农产品。对此,地方政府要积极做好协调工作,调解好农民与企业的关系,对于少数不法分子的有意破坏行为必须绳之以法。

(五)尊重农民意愿,维护土地租赁双方合法权益

1.加快土地确权,保障农民土地权益。工商资本投资农业的最大变数是农民承包地的大规模流转,而农民的土地权益也在流转过程中被侵害,农民土地权益被侵害的根本原因则是农村集体土地的产权不清晰。因此当务之急是要在解决基层干部思想认识的基础上,加快土地确权,要不惜代价,核实农村集体土地面积,并将其明晰到具有法人代表资格的农村集体经济组织,量化到集体经济组织成员,从制度上保障农民土地权益。

2.尊重农民意愿,建立平等协商机制。一是以平等协商互利共赢的原则约定合同条款。确定流转双方认可的流转费用,并积极探索土地升值部分在企业和农民之间合理分享的有效办法。二是建立土地流转风险保障基金。有效开展土地流转风险预防、控制和处置,及时协调和化解可能出现的土地流转纠纷,保障农民流转土地的权益和农村社会稳定。

3.创新利益联结机制。一是"公司+基地+农户"服务型规模经营模式。公司流转农户土地后与农户签订反租倒包收购订单,并帮助当地连片规划、供应良种、培训技术、统一病虫害防治,特别是担保贷款,目的主要是获得加工原材料。这种工商资本与农业结合的模式,既没有触动家庭承包责任制的基本经营制度,又实现农业规模经营和农民增收,应大力提倡及给予积极鼓励。二是积极探索和发展工商资本与农民土地相结合的股份公司,推行农民以土地入股发展土地股份合作社。在工商资本下乡中,有一部分是和当地农户组成股份公司,即工商企业出资金、技术和管理人员,让农户以自己家承包的土地折价入股,从而结成命运共同体,实现利益共享、风险共担,形成紧密的利益联结机制。

六、建立工商资本租赁农户承包地的风险防范机制

(一)加强组织领导

各级党委政府要成立由党委、政府主要领导任组长,四套班子分管联系领导任副组长,农牧、工商、国土、财政、水务、林业、农改、司法等相关部门和各乡镇负责人为成员的工作领导小组。领导小组在农牧系统设立办公室,负责工商资本租赁农户承包地风险防范机制建立工作方案、实施细则、配套办法的制定,对试点工作进行指导、督查。

(二)明确责任分工

要科学制定工作具体内容和任务,明确各成员单位职责,确保风险防范机制建立工作按照既定的方向稳步推进。领导小组各成员单位要按照职责和分工,明确各自工作目标和任务,各司其职、通力协作、密切配合,加快推进风险防范机制建立工作。要充分发挥县农村土地改革矛盾纠纷调解委员会和仲裁庭的作用,加强流转合同的履约监督,对出现的矛盾纠纷和问题,及时采取措施予以解决。

(三)加大扶持力度

各级财政在风险防范机制建立上每年要安排一定专项资金,加大对建立健全工商资本租赁农户土地风险防范、考评监管等机制的投入,对工商资本发展优势特色产业、推广新品种新技术和先进管理理念等给予扶持,确保试点任务顺利完成。各级农牧部门要积极向国家和区市农牧部门争资金、争政策,把农业产业化、新技术示范推广、社会化服务体系建设等项目资金和政策向租赁农户承包地的工商资本倾斜。

（四）强化部门联动

定期组织由纪检监察、工商、农牧等部门参加的工商资本租赁农户承包地风险防范工作检查，发现问题，督促整改，总结经验，研究政策，确保工商资本租赁农户承包地风险得到有效控制。

（五）严格考评奖惩

把风险防范机制建立工作任务列入对相关部门和各级政府年度目标管理考核指标，完善考评机制，加大分值权重，强化奖惩措施。要认真总结工作经验，对工作中发现的问题要积极进行调查研究，不断细化、完善相关制度和政策，对经实践证明切实可行的成果及时总结，不断完善，逐步在全区进行示范推广。

第四部分
农村综合改革

平罗县坚持"两厘清、三明确、三规范"扎实推进农村集体产权制度改革

——平罗县农村集体产权制度改革典型案例

近年来,平罗县委、县政府高度重视农村集体产权制度改革工作,强化顶层设计,大胆探索、统筹推进,坚持"两厘清、三明确、三规范",着力破解集体资源占有使用和集体收益分配不均衡、集体产权权能不充分等"瓶颈",将增加集体收益分配收入和财产性收入作为改革的落脚点,将实现集体"三资"共同按份共有和共同富裕作为产权改革的第一目标,扎实推进农村集体产权制度改革。截至目前,全县144个村全部完成了集体产权制度改革,成立集体股份经济合作社114个、集体经济合作社30个,发放股权证6.29万本,共量化资产总额5.58亿元,配置总股数30.18万股,其中,集体股4.52万股,成员股25.65万股。在完成产权制度改革的基础上,积极争取资金和政策,大力发展壮大集体经济。2019年以来,全县有26个村集体股份经济合作社实现了分红,最高每股分红450元。

一、主要创新做法

(一)完善工作机制,确保改革有序进行

结合实际,研究制定了《平罗县农村集体产权制度改革实施方案》和《平罗县农村集体资产股权量化分配实施办法》等10多个配套文件,为改革提供强有力的政策支撑。县委、县政府定期召开推进会,改革领导小组办公室每月召开一次联席会议,组织对乡村干部进行农村集体产权制度改革培训,研究制定相关政策,改革工作推进机制有效建立。

(二)坚持"两个厘清",打好股权量化基础

一是厘清集体"三资",摸清集体"家底"。严格工作程序,明晰集体资产权属,建立健全管理制度,扎实开展村集体资产清产核资工作。共清查核实

村集体土地面积136.02万亩,资产总额3.86亿元,其中,经营性资产总额1.52亿元,货币资金1.47亿元。建立了村集体"三资"登记台账和管理系统及8项管理制度。二是厘清集体成员,明晰股东人数。研究制定了《平罗县农村集体经济组织成员身份认定暂行办法》,综合考虑农民户口、土地承包经营权、不动产权等因素进行成员确认和家庭核实,对于特殊情况(如嫁出女、入赘婿等),提交村民代表大会民主决议。全县集体经济组织成员身份认定统一以2017年12月31日为节点,共认定24.03万人。

(三)做到"三个明确",维护农民合法权益

一是明确股权设置,兼顾各方权益。明确集体股不高于15%、成员股不低于85%的比例设置股权,成员股由基本股、家庭股、贡献股和救助股构成。集体经济组织成员中18周岁以上的成员每人一股基本股;户内有两人及以上人口,户主与二轮承包地、房地一体不动产权证一致,每户一股家庭股;烈属每户0.5股贡献股,卸任的村"两委"班子主要成员、两参人员每人0.2股贡献股;户内有智障、残疾、因病致贫、丧失劳动能力成员,每户0.5股救助股。对搬迁的生态移民,将各级政府投资的经营性资产全部进行折股量化。对插花安置的移民,实现与当地农民同权同股。通过多元化的股权配置,让不同群体成员都能受益。二是明确股权管理办法,充分释放权能。明确二轮承包期内股权不随人口增减变动而调整,原则上坚持"生不增、死不减、可抵押、可流转、可转让、可馈赠、可继承(股权流转、转让可在全县范围内,接受馈赠、继承的必须是本村集体经济组织成员)",单个股东所持份额不得超过总股份的2%。利用县乡两级农村产权流转交易平台,赋予股权抵押、流转等交易权能,充分保障股东权益,增加股东集体收益分配和财产性收入。三是明确收益分配,确保让利于民。制定了《平罗县村集体收益分配使用管理暂行办法》,合理调整集体、个人之间的收益分配关系,净收益按照配股进行分红,集体分红比例不超过15%,其余用于成员分红,让股东获得更多集体收益分配收入。

(四)实施"三个规范",确保改革取得实效

一是规范工作流程,确保程序合法。严格按照清产核资、集体经济组织成员身份认定、拟量化资产确定、股权设置、股权量化、股东代表推荐、理(监)事会候选人推荐和选举8个程序规范操作,每个程序都让农民参与,并进行8

次张榜公示,接受群众监督。二是规范组织设置,健全治理结构。积极探索村党组织负责人、村委会主任、村集体经济组织负责人"三位一体"的新型村级治理结构,全县98%的村集体经济组织法人由村党支部书记担任。在推进产权制度改革中,充分发挥村集体经济组织在土地流转、闲置农房收储、建设用地入市中的主体作用,保障股东权益。三是规范"三资"管理,强化村财监管。探索建立制度化、信息化、公开化农村集体"三资"监管模式,各村配备专业人员担任村级代理会计,实行农村"三资"电子记账,按时、按季度公开村集体收支,建立"村廉通"平台,逐笔逐项发送公开工程项目等支出,利用村(队)微信群实现村级财务信息化公开。

(五)探索多种模式,发展壮大村级集体经济

研究制定《关于深化农村集体产权制度改革 发展壮大村级集体经济指导意见》和《平罗县发展壮大集体经济三年规划》,指导乡村按照农业服务型、项目带动型、股份合作型、资源开发型、产业带动型、资产租赁型、土地利用型、物业管理型8个类型发展壮大集体经济,确保集体"三资"保值增值,使全体股东共享改革红利。2016年以来,平罗县共争取实施财政扶持村级集体经济发展项目102个,资金1.5亿元。通过先行先试,积累了一定经验,初步建立"权属清晰、责权明确、管理科学、运行规范"的村级集体经济组织运行框架,目前项目村平均年收益达到12万元,最高年收益达到45万元。2021年年底,全县144个村经营性收益全部达到5万元以上,10万元以上的占比达到75%。

二、取得的成效

(一)激发了农村发展活力

通过改革,明晰了农村集体资产和资源,有效激活了农村"沉睡"的资源和资本。同时也赋予了农村集体经济组织管理和经营集体资产、发展集体经济的职能,使村集体经济组织在实施乡村振兴、发展当地农业优势特色产业等方面发挥了积极作用,为农业农村经济社会发展注入了一股"活水"。

(二)完善了农村治理结构

通过开展清产核资、资产量化、成员界定等工作,健全完善了农村治理结构,明确了农村集体经济组织市场主体地位,合理划分了村支两委的权限、职责,有效推动了党支部回归基层党建、村委会回归社会管理服务职能、集体经济组织回归集体资产经营管理职能,对提高农村集体资产使用效益,管好、盘活农村集体资产,促进农村发展,起到了良好的推动作用。

(三)维护了农民合法权益

紧紧抓住"清理登记、股权量化、收益分配、公开公示"等关键环节,把农村集体资产管理作为民主管理工作的切入点,全过程"阳光操作",充分保障了群众的知情权、参与权和监督权,体现了集体家底价值化、村民身份明朗化、农民利益股份化,使人民群众真正当家作主,成为集体资产的主人,保障了广大农民的合法权益。

(四)促进了农民稳步增收

通过农村集体产权制度改革,明晰了村集体和农民土地等资源资产权属,加快了土地流转,盘活了农村资源,带动了农村优势特色产业的发展,也增加了农村富余劳动力就业机会。同时集体经济的发展壮大,也增加了农民集体股权分红收入,拓宽了农民增收渠道,为农民稳步增收奠定了基础。

关于平罗县农村集体产权制度改革工作的调研报告

2021年,平罗县农经站支部组成以支部书记任组长的调研课题组,深入乡村一线,以乡村干部和广大农民群众为主要对象,采取走访调查等方式,就农村集体产权制度改革和发展壮大集体经济进行了调查研究。

一、工作情况

(一)完善工作机制,确保改革有序进行

县、乡高度重视农村集体产权制度改革工作,坚持"农民集体所有、尊重农民意愿"的原则,着力破解集体资源占有使用和集体收益分配不均衡、集体产权权能不充分等"瓶颈",将增加农民集体收益分配收入和财产性收入作为改革的落脚点,将实现集体"三资"共同按份共有和共同富裕作为产权改革的第一目标。结合本县实际,研究制定了《平罗县农村集体产权制度改革实施方案》《平罗县农村集体资产股权量化分配实施办法》等10多个配套文件,为改革提供强有力的政策支撑。县委、县政府主要领导定期召开推进会,改革领导小组办公室每月召开一次联系会议,组织对乡村干部进行农村集体产权制度改革培训,研究制定相关政策,形成了蹄疾步稳抓改革的工作推进机制。

(二)坚持"两个厘清",打好股权量化基础

一是厘清集体"三资",摸清集体"家底"。按照自治区、市安排部署,开展村集体资产清产核资工作,建立了村集体"三资"登记台账和管理系统。清查核实村集体土地面积136.02万亩,资产总额3.86亿元,其中,经营性资产总额1.52亿元,货币资金1.47亿元(其中,收取农民开垦集体土地承包费2002万元,庭院超占有偿使用费1088万元,集体经营性建设用地入市收益1198万元)。二是厘清集体成员,明晰股东人数。研究制定了《平罗县农村集体经济

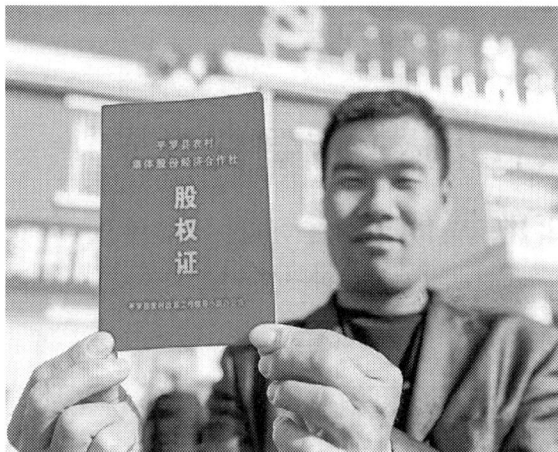
村集体经济组织成员拿到股权证

组织成员身份认定暂行办法》,综合考虑农民的户口、土地承包经营权、不动产权等因素进行成员确认和家庭核实,对于特殊情况(如嫁出女、入赘婿等),提交村民代表大会民主决议。全县集体经济组织成员身份认定统一以 2017 年 12 月 31 日为节点,共认定 24.03 万人,其中年满 18 周岁享受股权分配的成员 18.88 万人。已全面完成 144 个村集体产权制度改革基础性工作(成立集体股份经济合作社 112 个、集体经济合作社 30 个,其中 4 个村分村联治成立 2 个集体股份经济合作社),量化资产总额 5.58 亿元,配置总股数 30.18 万股(集体股 4.52 万股,成员股 25.65 万股),发放股权证 6.29 万本。

(三)做到"三个明确",维护农民合法权益

一是明确股权设置,兼顾各方权益。明确集体股不高于 15%、成员股不低于 85% 的比例设置股权,成员股由基本股、家庭股、贡献股和救助股构成。集体经济组织成员中 18 周岁以上的成员每人一股基本股;户内有两人及以上人口,户主与二轮承包地、房地一体不动产权证一致,每户一股家庭股;烈属每户 0.5 股贡献股,卸任的村"两委"班子主要成员、两参人员每人 0.2 股贡献股;户内有智障、残疾、因病致贫、丧失劳动能力成员,每户 0.5 股救助股。对搬迁的生态移民,将各级政府投资的经营性资产全部进行折股量化。对插花安置的移民,实现与当地农民同权同股。通过多元化的股权配置,让不同群体成员都能受益。二是明确股权管理,充分释放权能。二轮承包期内股权不随人口增减变动而调整,原则上坚持"生不增、死不减、可抵押、可流转、可转让、可馈赠、可继承(股权流转、转让可在全县范围内,接受馈赠、继承的必须是本村集体经济组织成员)",单个股东所持份额不得超过总股份的 2%。利用县乡两级农村产权流转交易平台,赋予股权抵押、流转等交易权能,充分保障股东权益,增加股东集体收益分配和财产性收入。三是明确收益分配,确保让利于民。研究制定了《平罗县村集体收益分配使用管理暂行办法》,合理调整集体、个人之间的收益分配关系,净收益按照配股进行分红,集体分红比例不超过15%,其余用于成员分红,让股东获得更多集体收益分配收入。

(四)实施"两个规范",确保改革取得实效

一是规范工作流程,确保程序合法。严格按照清产核资、集体经济组织成员身份认定、拟量化资产确定、股权设置、股权量化、股东代表推荐、理(监)事会候选人推荐和选举8个程序规范操作,每个程序都让农民参与,并进行8次张榜公示,接受群众监督。二是规范组织设置,健全治理结构。全县98%的村集体经济组织法人由村党支部书记担任。积极探索村党组织负责人、村委会主任、村集体经济组织负责人"三位一体"的新型村级治理结构。在推进产权制度改革中,充分发挥村集体经济组织在土地流转、闲置农房收储、建设用地入市中的主体作用,保障股东权益。

(五)探索多种经营模式,发展壮大村级集体经济

研究制定《关于深化农村集体产权制度改革 发展壮大村级集体经济指导意见》,指导乡村按照农业服务型、项目带动型、股份合作型、资源开发型、产业带动型、资产租赁型、土地利用型、物业管理型8个类型发展壮大集体经济,确保集体"三资"保值增值,使全体股东共享改革红利。对集体经济组织理事会成员带动合作社增收效果明显的,参照《关于实施村级党组织服务能力提升工程 进一步加强农村党建工作的意见》给予奖励。预计2021年年底全县有60个村集体股份经济合作社实现分红。灵沙乡全乡11个村集体经济组织分别与本集体经济组织党员和致富带头人共同出资创办农业专业合作社,因地制宜发展特色种养业,预计2021年年底有6个村实现分红。陶乐镇庙庙湖村将各级政府投资建设划拨的养殖园区等2216.68万元资产全部进行折股量化,使4259名移民变股东,每股股值3319元,预计2021年年底每股分红180元。

二、存在的问题

1.村级集体经济组织财务制度不健全。全县各村已全面完成股权设置和合作社登记注册工作,新成立的股份经济合作社和经济合作社虽设立了法人机构,但财务制度尚未建立健全。

2.村级集体经济组织经营项目少。全县144个村,有经营性收入的村91个,其中5万元以下的58个村,且大部分村以发包集体荒地和资源收入为主,村集体经营项目少,经营性收入渠道窄。

3.村干部发展经济能力不强。部分村干部还停留在行政管理、社会治理上,缺乏经营理念,市场开拓和经营能力不强,发展集体经济办法不多、路子不宽。

三、下一步工作措施及意见建议

1.完善农村集体经济服务功能。按照"党支部领导、村委会治理、合作社经营"工作思路和"三位一体"新型村级治理结构。充分发挥村集体股份经济合作社在管理集体资产、开发集体资源、发展集体经济、服务集体成员等方面的功能和作用。完善股东大会、理事会、监事会等法人治理结构,制定资产经营、民主管理、议事规则、财务管理等规章制度。

2.强化村集体"三资"监管。对股权量化后,村集体土地征收分配、建设用地入市等获得的收益、发展壮大村级集体项目资金等及时量化追加到股东所持的股份中。强化集体资产监管,健全集体收益分配制度,加大审计监督力度,确保集体经济规范运行,项目资金保值增值。

3.盘活利用村集体闲置资源资产。指导村级集体经济组织采取多种形式运用村集体"四荒地"、闲置学校、集中养殖园区、厂房、仓库、场地、机械设备等资源资产。支持村级集体经济组织引入社会资本,采取合作、入股等方式,有效盘活利用村集体闲置资源资产。

4.多种形式发展壮大村级集体经济。鼓励引导村级集体经济组织引入社会资本,采取合作、入股和成立股份经营公司、聘请职业经理人等方式,开发利用闲置资源。指导各村充分发挥资源和区位优势,多种形式发展壮大集体经济。将发展壮大集体经济作为考核乡镇、村干部的重要内容。

5.尽快建立健全村级集体经济组织管理办法。建议尽快制定村级集体经济组织财务管理制度,健全集体股份经济合作社或村经济合作社财务账目管理制度,为合作社依法经营提供保障。

6.加强对村集体资产的监管。建议加快制定农村集体资产管理法或条例,加大对农村集体资产监管力度,依法加强村级集体资产管理,防止农村集体产权制度改革后"资产流失"。

关于农民集体土地和房屋产权自愿有偿退出转让的实践与思考

随着工业化及城镇化的加速,农村劳动力向城镇和非农产业转移是一个长期趋势。如何逐步建立健全农民土地和房屋产权退出机制,推进农民向市民转变,对于保持农村基本经营制度,提高耕地资源的配置效率具有十分重要的意义。2012年以来,平罗县就农民承包集体土地、宅基地和房屋产权自愿有偿退出转让进行了探索和实践,值得深入研究和思考。

一、时代背景

随着城乡统筹发展,特别是工业化、城镇化进程的加快,大量农村人口涌向城市,出现了农民城乡之间"两头跑",务工务农"两耽搁",选择留守农村种地还是进城务工创业"两难"的现象。如何使进城务工农民彻底从农业生产中解脱出来,成为当前农村亟待解决的一大难题。同时,以农户为单位的土地分散经营,规模小、成本高、效益低、风险大,相当一部分农民既依赖土地又不愿在土地上加大投入;以土地为主的农村要素市场尚未建立,土地使用权合理流动不畅,阻碍了土地的适度规模经营,土地没有发挥最大效益,劳动生产率难以提高;农业生产成本上涨、青壮年劳动力减少等问题日益突出,务农劳动力老龄化、农业兼副业化越来越普遍,农业稳定发展的难度越来越大;农村村庄分散且占用大面积优质土地,农民进城后宅基地、房屋等大量资源闲置,不能转化为资本,既造成土地资源浪费,又束缚了农民向城镇转移。这些问题的存在,根本原因是农村土地要素市场机制始终没有形成,制约了农村劳动力转移、土地规模化经营和劳动生产率的提高。因此,探索农民土地和房屋产权自愿退出转让机制,有利于以新的思路和理念破解农村发展难题,有利于加快农民从身份到职业的转变,也是推进城乡统筹发展的迫切需要。

二、主要做法

2012年以来,平罗县按照国家农村土地经营管理制度改革试验区建设要求,大胆试验,积极探索,制定了《平罗县农民集体土地和房屋产权自愿永久退出收储暂行办法》,对符合退出土地承包经营权、宅基地使用权和房屋所有权条件的农户,经本人自愿申请可以退出。截至目前,平罗县结合插花安置移民,落实宅基地使用权、土地承包经营权和房屋所有权退出农户1638户,退出耕地8310多亩。在平罗县灵沙乡富贵村5队探索开展了农民宅基地和房屋整队退出试点,共退出宅基地和房屋55户。把退出收储与城乡建设用地增减挂钩政策、乡镇大社区建设有机结合起来,将农民退出的宅基地和房屋收储后拆迁复垦为耕地,置换城市建设用地,用农民退出补偿金置换城镇大社区安置房。为确保退出收储工作依法、稳妥、公平、公正,不损害农民和集体经济组织的利益,平罗县从退出条件、程序、补偿以及后继保障等方面严格进行规范,保证了退出收储工作平稳开展。

(一)坚持原则,严格条件

退出收储必须充分尊重农民意愿,对自愿退出土地承包经营权、宅基地

平罗县为农民办理农村产权抵押贷款

使用权和房屋所有权的农户给予合理补偿;退出的土地和宅基地先由村集体经济组织收储,分类合理利用;退出的耕地利用要符合承包地利用总体规划和村镇规划,不得擅自改变用途。自愿退出土地承包经营权、宅基地使用权和房屋所有权的农户,要经过家庭全体成员和村委会同意,要在城镇有稳定职业和固定住所,有稳定的收入来源。单纯依靠土地生存,没有其他收入来源的原则上不允许退出。

(二)规范程序,合理利用

自愿退出土地承包经营权、宅基地使用权和房屋所有权,严格按照农户书面申请、村集体审核、评价机构评估、双方签订协议、兑现补偿费、变更权证的程序进行退出收储。申请表须由家庭二轮承包时所有共有人签字盖章。对土地和房屋价值进行评估,房屋必须由具有资质的中介机构评估。退出的集体土地和房屋由村集体经济组织收储并登记造册,退出的承包地村集体经济组织可采取转包、出租、转让、拍卖等方式进行流转,促进土地规模经营。整村或整队退出的宅基地和房屋可拆除、整治后进行复垦,恢复为农业用地后进行流转。探索移民插花安置新模式,利用永久退出的耕地和房屋插花安置移民。

(三)明确补偿,强化保障

制定了《平罗县农民宅基地使用权和土地承包经营权退出收储基准参考价格》,退出耕地按照当年土地流转价格上浮5%的标准进行评估,并按本轮承包期内剩余年限一次性算清,经村集体经济组织与农户协商,逐年或一次性给予补偿。退出房屋按照确权颁证面积进行评估后予以补偿。退出宅基地补偿面积不超过270平方米,补偿标准参照国家规定的耕地补偿标准执行。退出集体土地和房屋产权的农户同时享受村集体经济组织"三资"(资源、资产、资金)收益分配补偿,按照当年人均分配标准,参照二轮土地承包期剩余年限由村集体经济组织一次性给予补偿。县政府设立了500万元的收储基金,村集体暂无条件支付补偿金的,可用收储周转基金垫付,村集体收储耕地和宅基地流转收入优先偿还。退出农户享受《平罗县推进农民向市民转变暂行办法》有关优惠政策。

三、制约因素

(一)补偿机制不明确

《农村土地承包法》规定,农民有自愿放弃承包土地的权利(《农村土地承包法》第十八条)。平罗县虽然出台了补偿标准和办法,但由于村集体经济组织经济实力有限,不可能实现大规模的退出收储。由于补偿的不明确性和不合理性,土地承包权所包含财富效用没有充分体现,大部分农民工无奈过着"亦工亦农""亦城亦乡"的生活,增加了社会成本。土地承包经营权因不合理的补偿制度,阻碍了其自由流动,其生产要素价值和财富效应不能充分发挥。

(二)缺乏相应的保障措施

当前,由于针对农民的社会保障体系还不完善,存在着就业政策、保障体制和社会服务的不均衡,农民工在受教育程度、社会培训、非农就业能力方面存在城乡不对接现象,很多农民对于农村土地和房屋产权永久退出有后顾之忧,一定程度强化了土地的失业保障功能。在免除农业税费的情况下,农户还享受种粮补贴、"两免一补"等政策优惠,而农民在城市面临就业困难、房价较高、优质教育资源紧缺等问题,导致农民抓住农村土地和房屋产权牢牢不放,就是让土地收益较低也在所不惜,所以当前土地承包经营制度对农民承包经营权退出有"不能退"的障碍。

(三)受阻于农村土地经营方式

农村人口众多、人地关系紧张是当前农村的基本情况。在人地关系紧张的压力下,为了维护农村的稳定、避免土地的过度集中,农业生产经营选择小农业生产经营方式,土地经营权分布极其平均,使得实际占有土地的人数众多,土地的零碎化经营成为农村劳动力转移的阻力,进而影响了农户土地和房屋产权的永久退出。同时,进城居住农户当中,部分人员恋土情深,有年老后回乡安度晚年的想法,不愿放弃农村土地和房屋产权。

(四)受阻于征占补偿机制

随着工业化、城镇化的快速发展,基础设施建设、城镇建设和公益事业建设需要,征占用农村土地面积不断增加,征占用农村土地的补偿是按面积补偿到户,进城居住农户的承包地若被征占也可得到相应的土地补偿费,由于受经济利益的诱惑,部分农户不愿放弃土地承包经营权。同时,征用地补偿安置费按农业人口补偿,这一政策导致近年来进城镇居住农民不愿改变农业户籍关系。

四、意见建议

(一)确权赋能,赋予完整的退出权利

确权就是土地承包经营权、宅基地使用权和房屋所有权要明晰化、确权化。土地资本化的前提是土地市场的自由流转,土地市场流转自由的前提是土地承包经营权和宅基地使用权、房屋所有权明晰化。在集体所有权虚化、法治不健全、农村基层民主治理机制不完善的情况下,确权就是农村的集体土地应该和国有土地拥有同等的资源流转权利,在坚持农地农用原则下,可以自由流转,可以自由入市交易。因此,建议首先进行确权颁证,赋予农民土地和房屋产权自由流转、交易的权能。

(二)强化服务,建立有力的吸引机制

一是要进行非农就业培训。根据市场需求,帮助农民开展多层次、多领域、多形式的职业教育、技能培训,引导其改变择业观,提高其就业竞争力,提升融入城市能力、城市非农就业能力。二是促进农民的非农化就业。农民只有有非农就业机会才会放弃土地,所以要大力发展工业经济和二、三产业,给农民创造非农就业机会,使农民逐渐退出。

(三)引导激励,建立有效的补偿机制

土地和房屋产权退出补偿不仅是补偿眼前财产,而且要补偿退出农户未来的生活保障。对在城镇具有稳定收入和住所的农民,以及不再靠土地为生存要素而流转或撂荒的农户,应通过补贴或补偿方式鼓励他们自愿永久放弃农村土地和房屋产权。补偿应根据地理、土质、环境等因素,将农村土地分等定级,明确补偿标准,给予自愿永久放弃土地和房屋产权的农户一次性补助。对全家进城落户、迁居外地已有固定住所或不再需要农村宅基地的农户,应采取一定的标准补贴,鼓励他们自愿退出宅基地,给予一次性补偿。

(四)依法自愿,建立规范的退出程序

只有建立一整套规范农村土地和房屋产权自愿永久退出程序,并严格按照程序的规定处理土地承包经营权、宅基地使用权和房屋所有权的退出事宜,明晰各相关部门、相关者的权责,才能避免在农村土地和房屋产权自愿永

久退出过程中出现侵权、越权、推诿扯皮等现象。农村土地和房屋产权自愿永久退出程序应包括农村土地和房屋产权退出工作管理组织的建构、具体退出方案的拟定、退出方案的公布、退出方案的实施、退出合同的签订等。

(五)强化保障,构建有力的保障体系

在保护和尊重农民土地和房屋权益的基础上,鼓励有条件的进城农民退出"三权",享受城市居民的社会保障和政策,从培训、就业、就医、子女入学等多方面给予扶持。要贯彻社会福利的均等化,逐步实现农民工在劳动报酬、子女就学、公共卫生、住房租购等方面与城镇居民享有同等待遇。要建立健全住房保障,在城市里有固定职业并具备生存能力的,在政策上与城里人同等对待,允许租住或购买廉租房、经济适用房、公租房。要建立健全社会保障体系,使进城的农民工与城市居民同等享有失业、养老、医疗等社会保障政策,让自愿永久放弃农村土地和房屋的农民能够维持基本的生存,解决农民离开土地后的基本生存和后顾之忧,使土地不再承担已不合时宜的社会保障功能。

探索"三权"退出 盘活农村资源

随着工业化及城镇化的加速,农村劳动力向城镇和非农产业转移是一个长期趋势。如何逐步建立健全农民承包土地和房屋产权自愿有偿转让机制,推进农民向市民转变,对于保持农村基本经营制度,提高耕地资源的配置效率具有十分重要的意义。2012年以来,平罗县就农民土地承包经营权、宅基地使用权和房屋所有权"三权"自愿有偿转让进行了探索和实践,收到了良好效果。

一、主要做法

针对城镇化进程中农民城乡之间"两头跑",留守农村种地还是进城务工创业"两难"等问题,平罗县建立农民土地自愿有偿转让机制,容许农民土地自愿有偿转让,较好地解决了农民市民化过程中的承包地处置问题。探索出台了《农村集体土地和房屋产权自愿退出收储暂行办法》,对在城镇稳定就业或从事二、三产业,有稳定收入来源和固定住所的农户,允许其自愿有偿转让农村土地承包经营权、宅基地使用权和房屋所有权"三权",转为城镇户口,放弃农村集体经济组织成员身份和权益。截至2019年年底,平罗县结合生态移民安置,共落实农民自愿退出耕地8310多亩,房屋1700多套,插花安置移民1638户,办理农民产权在集体经济组织内部转让418户,转让耕地3090亩;同时选择房屋空置率高、复垦面积大的11个村庄点进行综合整治,采取货币补偿、权属置换、复垦耕地等方式保障退出农户权益,共拆迁退出农户宅基地和房屋352户,复垦面积1352亩。为确保转让工作依法、稳妥、公平、公正,不损害农民和集体经济组织的利益,平罗县从转让条件、程序、补偿以及后继保障等方面严格进行规范,保证了退出收储工作平稳开展。

（一）坚持原则，严格条件

退出收储必须充分尊重农民意愿，对自愿退出土地承包经营权、宅基地使用权和房屋所有权的农户给予合理补偿，并对村集体"三资"收益一并予以一次性补偿；退出的土地和宅基地因所有权属于村集体，收储主体为村集体经济组织，通过收储后分类合理利用；退出的耕地利用要符合土地利用总体规划和镇村规划，不得擅自改变用途。自愿退出土地承包经营权、宅基地使用权和房屋所有权的农户，须经家庭全体成员同意并申请村委会审查通过，迁入城镇并有稳定职业和固定住所，有稳定的收入来源。单纯依靠土地生存，没有其他收入来源的原则上不允许退出。退出后必须将农村户口转为非农户口，且放弃村集体经济组织成员身份和权益。

（二）规范程序，合理利用

自愿退出土地承包经营权、宅基地使用权和房屋所有权，严格按照农户书面申请、村集体审核、评估机构评估、双方签订协议、兑现补偿费、变更权证的程序进行退出收储。申请表须由家庭二轮承包时所有共有人签字盖章。退出的集体土地和房屋由村集体经济组织收储并登记造册，退出的承包地村集体经济组织可采取转包、出租、转让、拍卖等方式进行流转，促进土地规模经营。整村或整队退出的宅基地和房屋可拆除、整治后进行复垦，恢复为农业用地后进行流转。探索移民插花安置新模式，利用永久退出的耕地和房屋插花安置移民。

（三）明确补偿，强化保障

制定了《平罗县农民宅基地使用权和土地承包经营权退出收储基准参考价格》，退出耕地按照当年土地流转价格逐年上浮5%的标准进行评估，并按二轮承包期内剩余年限一次性算清，经村集体经济组织与农户协商，逐年或一次性给予补偿。根据不同地类、不同区域，实际收储价格为每亩0.8万~1.2万元，平均为1万元；宅基地收储价格参照自治区规定的耕地补偿标准，超出宅基地上限（270平方米）部分标准为每亩1万元，全县宅基地平均收储价格为0.7万~1万元每宗；房屋按照确权颁证面积由乡村和农户协商评估确定收储价格，面积80平方米的砖木结构住房收储价格一般为4.8万元（最高5.8万元，最低3.5万元）。退出集体土地和房屋产权的农户同时享受村集体经济组织

"三资"(资源、资产、资金)收益分配补偿,按照当年人均分配标准,参照二轮土地承包期剩余年限由村集体经济组织一次性给予补偿。

(四)加大投入,方式灵活

县政府设立了500万元的收储基金,村集体暂无条件支付补偿金,可用收储周转基金垫付,村集体收储耕地和宅基地流转收入优先偿还。平罗县土地和房屋收储主要还是采取与生态移民插花安置相结合的方式进行,即按照生态移民每户5亩水浇地,80平方米以上住房的安置标准,收储当地农户每户5亩耕地,一套80平方米以上的砖木结构住房,用于安置生态移民。收储补偿金平均每户为16万元,其中12万元用自治区生态移民项目资金支付,其余由市、县财政补贴。收储补偿费每户为12万~14万元(5亩耕地、一宗宅基地和住房),其余1万~2万元由乡镇用于收储房屋的修缮和水电等基础设施的完善。在收储中,我们还探索了一种模式:一部分农民耕地全部退出,每户退出耕地中除5亩用于安置移民外,其余部分收储补偿费如村集体经济组织无经济实力支付,可申请借用县收储基金进行支付,收储后由村集体按照当地土地流转价格(400~750元)进行流转,流转收益用于偿还县收储基金。

二、取得的成效

通过探索建立农村土地产权自愿有偿转让机制,政府在流转和转让中担当起引导、监管、鉴证、权证变更等责任,不断规范土地流转转让程序,切实让农民带着产权、股权、流转费和补偿金进城,有效地解决了城镇化进程中农民城乡之间"两头跑",务工务农"两耽搁",留守农村种地还是进城务工创业选择"两难"等问题。农民一方面可以从承包地上获得退出补偿收入,另一方面从土地上解放出来,外出打工或从事二、三产业,获得工资性或经营性收入,得到了广大农民群众的认可和满意,社会反映良好,基本达到了促进农村劳动力转移增收的目标,为"土地"换"市民"创造了有利条件。同时,将当地农民"三权"自愿有偿转让与生态移民插花安置相结合,实现了"多赢"。一是盘活了当地农村闲置资产,使农民闲置房屋、宅基地变为资本,增加了农民财产性收入。二是节约资金,降低政府移民集中安置成本,保护了移民区生态环境,插花安置生态移民每户成本为16万元左右,远低于以往集中安置成本。同时,将银南山区西吉、海原等县原住户插花安置到当地,为银南山区生态环境的恢复和保护创造了有利条件。三是确保移民快速融入当地生产生活，实现"搬得来、稳得住、能致富"的目标。通过插花安置，使移民在生活习惯、生产技术、经营管理等方面向当地农民学习，可以尽快转变观念，降低了生态移民社会管理成本。四是促进了部分农民向市民转变。五是有利于农村土地规模经营，真正让耕者有其田。

三、问题及建议

（一）关于收储资金的问题

在农民土地和房屋自愿有偿转让中，农民自愿永久退出土地和房屋产权的积极性很高，但目前收储补偿金主要利用生态移民项目资金支付，如果没有此项资金，则收储资金得不到保障，仅凭500万元的收储基金，退出规模受到限制。如鼓励企业参与收储，存在收益与支出不符的情况，企业积极性不高。今后将探索建立政府、社会和企业共同参与的退出补偿机制，同时建议各级财政加大对该项改革试验的资金支持力度，不断扩大收储基金规模。

（二）关于补偿标准的问题

在制定补偿标准上，平罗县退出耕地按照当年土地流转价格逐年上浮5%，并参照二轮承包期剩余年限进行计算，每亩承包地在1万元左右。但按照国家土地承包关系长久不变的政策，该补偿标准计算方法还存在缺陷，仅给予农民二轮承包期剩余年限的补偿，没有按照"长久不变"予以补偿，补偿年限偏短，补偿标准偏低。因此，建议探索建立农民不同年龄的补偿年限计算方法，即用当地居民的平均寿命减去退出承包地农民的实际年龄作为补偿年限，是否更为科学合理。

（三）关于农民养老的问题

由于农民退出土地后社会保障尚不能得到完全保障，特别是60岁以上老年人退出土地后养老问题得不到有效保障，成为制约土地规模经营、提高农业效益的一个重要因素。如果能将60岁以上农民的养老问题解决，则这部分人的退出意愿十分强烈。建议出台农村女55岁、男60岁以上退出土地农民养老政策，采取土地换社保或参照失地农民养老保险政策，解决其养老问题。同时，加大支持力度，建立60岁以上老人集中供养机制，切实解决老年农民的后顾之忧。

(四)关于社会保障的问题

当前,由于针对农民的社会保障体系还不完善,存在着城乡就业政策、保障体制和社会服务等的不均衡,农民工在受教育程度、社会培训、非农就业能力方面存在城乡不对接现象,很多农民对于农村土地和房屋产权永久退出有后顾之忧,一定程度强化了土地的失业保障功能。同时,农民在城市面临就业困难、房价较高、优质教育资源紧张等问题,导致农民抓住农村土地和房屋产权牢牢不放,即便是粗放经营、收益较低也在所不惜。建议根据市场需求,帮助农民开展多层次、多领域、多形式的职业教育、技能培训,引导其改变择业观,提高其就业竞争力,提升融入城市能力。同时,建立健全社会保障体系,使进城的农民工与城市居民同等享有失业、养老、医疗、住房等社会保障政策。

(五)关于退出"三权"农民身份的问题

按照制度设计,平罗县"三权"自愿有偿转让农民应将户籍转为城镇户,且放弃村集体经济组织成员身份。但在具体实施中,在自愿有偿转让农村产权的1300户农户中,有1270户仅退出耕地5亩,耕地没有完全退出,造成其户籍、集体经济组织成员身份难以确认。针对这种情况,平罗县明确要求将退出的5亩耕地明确到家庭具体成员人头,并将该家庭成员在这次土地承包经营权确权登记颁证中从共有人中剔除,户籍转为城镇户,放弃集体经济组织成员身份。同时,平罗县将在今后的工作中,严格落实自愿转让农村土地承包经营权、宅基地使用权和房屋所有权的必备条件,切实做到农民土地和房屋产权退出转让自主自愿,干净彻底,不留隐患。

深耕农村改革"试验田"

——平罗县深化农村土地改革激发"三农"活力

土地是国之基石,民之根本。2011年开始,宁夏平罗县获批为全国农村土地经营管理制度改革试验区,借改革的东风,把农民土地这份最直接的不动产,转化成农民手中可以流动的货币和资本,在宁夏大地上辛勤耕耘出了一块农村土地改革的"试验田",谱写了一曲改革与创新的华美乐章。

一、背景

平罗县地处宁夏北部,东与内蒙古鄂托克前旗相邻,西与阿拉善左旗接壤,南与银川市贺兰县,北与石嘴山市惠农区相连。下辖7镇6乡28个居委会144个行政村,总面积2251.6平方公里,其中县城面积15.7平方公里。截至2016年,全县总人口31.2万人,城镇化率为46%;实现地区生产总值150.11亿元,完成地方公共财政预算收入8.92亿元,城镇居民人均可支配收入22739元,农民人均纯收入达到12196元。

党的十一届三中全会以来,平罗县在中央一系列强农惠农富农政策指引下,农业综合生产能力大幅提升,农村经济结构不断优化,现代农业发展加速推进,农民生活质量显著提高,新农村建设取得阶段性成效,农村社会保持和谐稳定。随着工业化、城镇化进程的加快,平罗县农村改革发展面临着许多挑战和新问题,尤其是以土地为主的农村要素市场尚未建立,以农户为单位的土地分散经营,规模小、成本高、效益低、风险大,务农劳动力老龄化、农业兼业化副业化越来越普遍,农民进城后宅基地、房屋等资源长期闲置,既造成土地资源浪费,又束缚农民向城镇转移。破解这些问题,必须探索建立适应新形势要求的农村土地经营管理制度,加快推进农业现代化进程,转变农业发展方式,提高农业综合生产能力。

二、做法

(一)确好"五项"权属,让农民真正成为土地主人

耕好农村改革这块"试验田",确权颁证是重要内容和基础前提。平罗县通过精心制定方案、广泛宣传、实地勘测、农民指认、三榜公示、依法登记,明晰了农村集体土地所有权、农民土地承包经营权、农民集体荒地承包经营权、农民宅基地使用权和农民房屋所有权"五项"权属。全县颁发农村土地承包经营权证6.55万本,颁证率达到97.6%。探索开展了农民宅基地、房屋所有权和农村林权、小型水利工程设施产权、农业设施用地使用权等产权的确权颁证,宅基地颁证率达到84%以上,登记连片50亩以上集体荒地306宗,颁发农业设施用地使用权证51个。

通过确权登记颁证,让农民真正成为土地的主人,给农民吃了"定心丸",也为改革奠定了基础。

(二)推进"三权分置",破解"谁来种地"难题

权属明确了,"谁来种地""怎样种好地"成为亟待解决的现实问题。推进"三权分置",加快农村土地适度规模经营是这次改革的核心,改革的气息如春风般吹拂平罗广袤的田野,农村和农民中蕴藏的巨大生产热情被彻底激发出来。

平罗县出台了《平罗县新型农业经营主体土地流转和经营管理暂行办法》,建立了经营主体准入、监管、考评、扶持、退出机制和向规模经营主体颁发农村土地流转经营权证书制度,大力培育家庭农场、专业大户、农业专业合作社、农业企业四大经营主体。在贷款贴息、购机补贴等方面加大对经营主体和新型职业农民的扶持,对新型农业经营主体流转土地每亩给予30~50元补贴,对经营主体建设晒场、仓储等设施用地优先审批,并给予补贴。通过探索流转、入股、转包、托管等方式,推进农村土地所有权、承包权和经营权"三权分置"。5年来,平罗县财政共拨付1107万元,加大对新型经营主体补贴力度。

经过改革的洗礼,平罗土地改革工作赢得了全县人民的坚定回应。在政策的激励下,形式各异的土地经营主体如雨后春笋般层出不穷,农村和农业生产焕发出无限的生机和活力。全县共培育家庭农场、专业大户、专业合作社等新型农业经营主体356个,培养新型职业农民2240名,带动全县土地流

转39万亩,占全县耕地面积的40%。

(三)建立有偿退出机制,解决农民"两难"之忧

新型城镇化带来的进城农民城乡之间"两头跑"、留守农村种地还是进城务工创业"两难"等问题,一直成为困扰进城农民的后顾之忧。

破则立,从则行。平罗县作为全区农业大县先行先试,善破善立,针对农民"两难"之忧,全力打好改革创新"破冰战"。

平罗县探索出台了《农村集体土地和房屋产权自愿退出收储暂行办法》,对在城镇稳定就业或从事二、三产业,有稳定收入来源和固定住所的农户,允许其自愿永久退出农村土地承包经营权、宅基地使用权和房屋所有权"三权",转为城镇户口,享受集体收益分配,放弃农村集体经济组织成员身份。同时,严格按照农户产权共有人书面申请、村集体经济组织审核、协商评估、签订补偿协议、兑现补偿费、变更权证6个程序进行。截至2016年年底,全县结合生态移民安置,共落实农民自愿有偿耕地8310多亩,插花安置移民1638户,办理农民产权在集体经济组织内部转让418户,转让耕地3090亩。

(四)盘活土地产权,唤醒"沉睡资产"

长期以来,农民土地产权受农村集体产权限制,一直处于"沉睡"状态。如何盘活土地产权这笔巨大的"沉睡资本",是制约农民增收的一大瓶颈。

按照建立健全县、乡、村三级农村产权流转交易服务平台的要求,平罗县于2012年组建成立了县级农村土地经营管理制度改革服务中心,为农村土地流转交易提供一站式综合服务。2013年10月,经自治区金融办批准,在改革服务中心的基础上,挂牌成立了平罗县农村产权流转交易中心。2015年12月,经自治区编办批准,成立了农村综合改革服务中心。服务中心设立了信息发布、登记备案、价值评估、交易签证、抵押登记、司法公证、纠纷处理等服务窗口,并在各乡镇设立农村产权交易服务站,重点为农村土地和宅基地等产权确权颁证、流转转让、抵押贷款、产权交易提供相关服务。同时,平罗县研究制定了《平罗县农村产权抵押贷款管理暂行办法》,将农村土地承包经营权、流转经营权和宅基地使用权作为有效抵押物进行抵押贷款,并给予利率优惠。县政府设立农村产权抵押贷款风险防范基金,最大限度地降低金融机构风险。

通过探索农村产权抵押贷款,推进了农村土地资源转变为现代农业发展

资本,实现了农村产权直接向金融机构抵押融资,丰富了"三农"贷款方式和手段,满足了多层次、多元化的"三农"金融服务需求。4年来,平罗县累计办理农村产权流转交易13.57亿元。其中办理"三权"抵押贷款1.6万笔7.6亿元,为经营大户办理流转经营权抵押贷款76笔3867万元,设施农业用地使用权抵押贷款12笔2080万元,林权抵押贷款3笔1300万元。

三、启示

农业的提质增效、农民的增收离不开改革创新,如何走出一条适合农村实际的土地改革之路,必须加快破解相关难题。平罗县农村土地改革带给我们3点启示。

(一)"深耕"就是要耕出农业新发展

改革的目的之一就是促进现代农业发展。通过土地规模流转和新型农业经营主体培育,改变了一家一户分散经营的传统落后模式,促进了农村土地适度规模经营,有利于产业结构调整和特色产业发展壮大。平罗县目前初步形成了粮食、清真牛羊肉、瓜菜、制种、水产"一优四特"优势特色产业基地和加工销售一体化的现代农业格局,粮食产量实现十一连增,优势特色产业比重达到85%,先后被国务院授予"全国粮食生产先进县",被自治区授予"全区农产品加工示范县"、新农村建设先进县等称号。

(二)"深耕"就是要耕出农村新活力

盘活农村资源,激发农村发展活力,是这次改革的突破点。平罗县农村土地改革,打破了土地二元结构、城乡二元结构的制约格局,解决了土地由谁来种、怎么种的问题,让进城农民充分享受城市的公共服务和社会保障,让留在农村的农民享有更多的土地资源和发展空间,实现了城乡间生产要素的双向流动和合理配置,使农企双方实现了互利双赢,盘活了土地资源。

(三)"深耕"就是要耕出农民新红利

保障农民的物质利益和民主权利,保护和调动好农民的积极性,是党正确处理农业、农村和农民问题的基本准则。平罗县农村土地改革,在农村土地规范化流转、农村土地产权退出、农村"三权"抵押贷款等方面进行了深入探索,有效地突破和提高了农民财产性收入。因此,在改革中要坚持把增进农民福祉,实现好、维护好、发展好广大农民的根本利益作为出发点和落脚点,充分考虑群众所想所盼,确保改革顺应民意、不走弯路。

以宅基地收储为突破口，稳步推进乡村振兴

平罗县灵沙乡胜利村插花移民集中安置点位于胜利村6队，该安置点计划安置插花移民24户，截至目前已搬迁安置生态移民13户52人。为确保移民群众安居乐业，乡党委、政府积极谋划、多措并举，着力将安置点打造为推进农村改革、改善人居环境、助推乡村振兴的示范区。

一、做活农村改革与移民安置结合文章

根据农村宅基地制度改革要求，在充分尊重农民意愿的基础上，筹措资金对灵沙乡胜利村6队12宗批而未建的空闲宅基地予以收储，采取统一规划、统一标准、统一建设的方式，投入258万元新建移民住宅24栋，户均占地面积365平方米、住房面积60平方米，可安置"十三五"插花移民24户、96人。这一做法实现了农村闲置宅基地再利用和移民搬迁安置的有机结合，有效盘活了农村闲置土地资源。

二、打造农村人居环境示范点

积极争取"十三五"插花移民基础设施配套资金，硬化安置点村庄巷道1.2公里，新建围墙392米，原有建筑外墙粉刷1475平方米，安装太阳能路灯27盏，并全部配套上下水管网；建设环村林10.5亩，栽植桃树、李树、杏树、枣树等各类树木3300余株。同时，建设集生活污水收集、旱厕改造及污水处理再利用于一体的环境整治示范项目，将移民群众生活污水先冲厕，后集中至末端进行统一处理再利用。通过项目实施，有效改善移民安置点基础设施条件、生态环境面貌，人居环境明显改观。

三、谋划脱贫致富产业新思路

产业是实现脱贫攻坚的基础保障，为此，乡党委、政府将安置点作为全乡

插花移民产业发展的试点,积极谋划脱贫致富产业。一是充分尊重移民发展牛羊养殖的意愿,投资260余万元,按照每户一栋的标准建设集中式肉牛养殖小区,并配套草料堆放区、青贮池、道路、供水等基础设施,鼓励移民发展肉牛养殖。目前,项目已进入招投标阶段。二是按照"合作社+基地+农户"的发展模式,支持移民在庭院发展芦花鸡养殖,由合作社提供鸡苗,移民户分散养殖,合作社高于市场价进行统一回收、统一销售,着力培育致富产业,拓宽移民增收渠道。

平罗县农村宅基地制度改革试点情况

平罗县位于宁夏平原北部,是石嘴山市唯一的建制县,也是呼包银榆经济带、宁夏沿黄经济区、宁蒙陕乌经济区的重要节点城市。全县辖13个乡镇144个行政村1447个村民小组,总人口31万余人,土地总面积2251.6平方公里,耕地面积83.62万亩,全县农业家庭47774户。

2012年平罗县被中农办、农业部确定为全国24个农村土地经营制度改革试点县之一,2014年被确定为农村产权流转交易市场建设项目试点。2012年以来,平罗县在完成农村集体土地承包经营权、宅基地使用权和房屋所有权确权登记颁证的基础上,在农村土地经营权流转规范化管理、农民宅基地使用权、房屋所有权和土地承包经营权自愿有偿转让、农民土地承包经营权、宅基地使用权和经营大户土地流转经营权抵押贷款等方面进行了实践探索,取得了一些有益的经验。

一、结合农村土地改革在宅基地制度改革方面的做法

近年来,随着平罗县经济社会的发展,各类建设项目用地量在逐年增加。一方面,随着建设用地空间逐年趋紧,已成为制约平罗县经济发展的瓶颈;另一方面,农村宅基地粗放管理、闲置浪费的问题大量存在,亟待通过产权交易加以解决。为了有效缓解新增建设用地供需紧张的矛盾,盘活用好农村闲置废弃的宅基地和低效利用土地,通过宅基地使用权流转,充分体现宅基地的经济价值,最大限度地优化农村建设用地布局,提高农民的生活水平和居住条件,改善农村环境,提高土地节约集约利用水平,有效增加耕地面积,为县域经济发展提供尽可能多的用地空间,大胆探索,积极实践,总结了一些很好的经验。

1.确权登记"清地"。结合国家和自治区的统一部署,平罗县从2013年开始对农村宅基地使用权进行了确权登记颁证工作,此项工作按计划于2015年年底结束。平罗县144个行政村、1447个村民小组,农业户口47774户,目前已完成11个乡镇116个行政村48549户外业测量及权属调查、内业成图工作,占总工作量的101.62%(预计总工作量为58000户);数据库建库工作进展有序。

2.拆迁整治"增地"。结合2013年全区开展的主干道路环境大整治、大绿化活动,两年来,平罗县对高速公路和国道、省道等主干道路两侧的旧村庄、旧圈舍进行大拆迁、大绿化、大整治,共拆除危旧房屋、圈舍4089间,整治宅基地及存量建设用地1398亩,极大改善了村容村貌和村民生产生活环境;通过盘活存量闲置宅基地和集体建设用地再利用,缓解了建设用地指标紧缺的局面,节约集约利用土地效果明显。

3.增减挂钩"节地"。结合新农村建设及村庄规划,遵循"合大并小,拆旧建新"的原则,筹资8000万元在滨河大道沿线4个乡镇23个行政村实施了城乡建设用地增减挂钩试点项目,拆旧区、旧居民点面积1321.55亩,土地整理项目区面积为1126.68亩,可全部进行复垦,可新增耕地2448.23亩,增减挂钩项目可申请挂钩周转指标1308.49亩,涉及农户876户3452人。不仅节省了建设用地,而且增加了耕地面积,实现了双赢。

4.有偿转让"储地"。结合农村土地改革试点工作,平罗县探索出台了《农村集体土地和房屋产权自愿永久退出收储暂行办法》,采取财政预算安排和收储土地、房屋流转收益注入的方式,设立500万元农民土地和宅基地退出收储基金,对在城镇有稳定收入来源和固定住所的农户,按照自愿有偿原则,允许其自愿有偿转让农村土地承包经营权、宅基地使用权和房屋所有权,并给予一次性补偿。同时平罗县结合"十二五"庙庙湖生态移民工程,探索利用收储本地农民的闲置宅基地、房屋和耕地插花安置搬迁移民,把"死"地用"活",变废为宝,为全区移民安置探索了新途径、创造了新模式。目前,围绕插花移民安置已收储集体土地6600亩,宅基地520亩,庭院经济用地650亩,房屋3600间,插花安置移民1174户。

5.抵押贷款"活地"。为了盘活农村土地资源,我们探索将农村土地承包经营权、流转经营权和宅基地使用权作为有效抵押物进行抵押贷款,并给予利率优惠。县政府设立农村产权抵押贷款风险防范基金,由基金和金融机构按照80%和20%的比例分别承担风险,最大限度地降低金融机构风险。同时,建立了农村宅基地价值评估机制,制定价值评估指导价格,作为抵押贷款的参考依据。目前,全县8家金融机构已办理农民土地承包经营权和宅基地使用权抵押贷款1.18万笔5.25亿元。

二、宅基地制度改革试点县工作进展情况

1.成立组织机构。根据中共中央《关于农村土地征收、集体经营性建设用地入市、宅基地制度改革试点工作的意见》和"国务院关于全国33个县市区试点农村土地制度改革"精神,平罗县被列为全国33个农村土地制度改革试点县之一,开展农村宅基地制度改革试点工作。试点县批复以来,平罗县高度重视,成立了由国家土地督察西安局、自治区国土资源厅负责人参与,县委、县政府主要领导任组长,县四套班子分管联系领导任副组长,县国土、财政、住建、水务、林业、农牧、农改办、司法和各乡镇等相关部门负责人组成的"平罗县农村宅基地制度改革试点工作领导小组",并在县农改办设立办公室,具体负责试点工作推进。

2.认真制定《平罗县农村宅基地制度改革试点工作实施方案》(以下简称《方案》)。为深入贯彻落实国土资源部"农村土地制度改革三项试点工作部署会议"精神,全面推进平罗县农村宅基地制度改革试点工作,平罗县高度重视《方案》起草工作。及时组成了由县委副书记、政协副主席和农改办主任、国土局长及国土、农改相关工作人员组成的"平罗县宅基地制度改革试点工作实施方案"起草组,围绕三项改革试点工作会议重要精神和改革试点期间调整使用相关法律法规及条款的意见,结合平罗县正在开展的农村宅基地及集体建设用地使用权确权工作实际,深入乡村、走访农户、精心研读、集思广益,理思路,提设想,拟框架,起草了《方案》。该《方案》先后4次报请自治区国土资源厅组织召开专题会议征求修改意见,历经市县党委、政府主要领导亲自参与并着手修改,县市委常委会和自治区宅基地制度改革试点工作领导小组专题会议研究通过,已报国土资源部待批。

3.明确改革思路。此次改革试点工作主要结合平罗县农村产权交易市场建设改革试点工作实际,立足县情和发展阶段,坚持问题导向和底线思维,以切实保障和维护农民宅基地权益为出发点和落脚点,着力政策和制度创新,围绕农村宅基地权益保障机制、宅基地取得方式、有偿使用制度、用益物权的多种实现形式、规范宅基地管理等5个方面,建立健全"依法公平取得、节约集约使用、自愿有偿退出"的宅基地管理制度,审慎稳妥探索试点改革,为全国推进农村宅基地制度改革提供实践经验。

4.扎实开展宅基地现状调查。对全县农村宅基地利用现状进行了调查,摸清全县农村宅基地宗地数量、户均面积、超(少)占宅基地户数、待增宅基地户数等情况,为改革试点提供参考依据。经调查,全县农业户口共计47774户,宅基地宗地数41436宗,户均面积0.489亩。其中,宅基地面积大于270平方米的共有19124户12717.5亩,占46.2%;宅基地面积小于270平方米的11106户3050.8亩,占26.8%;宅基地面积为270平方米的11206户4482.4亩,占27%;待增宅基地户数6300户。

三、存在的问题及下一步工作打算

当前,平罗县宅基地制度改革已启动,在工作中还存在一些问题。一是宅基地作为集体建设用地,按照存量建设用地不得用于非农建设;再加上宅基地是本集体村民的"福利"用地,即便入市交易,也仅限于本集体经济组织内,影响了宅基地的流转交易。二是如何长远保障自愿有偿转让宅基地农户安身立命的问题,需要深入探索解决。三是宅基地收储补偿专业评估机制不健全。农村宅基地结构复杂,收储补偿时农户期望值较高,但由于缺乏专业评估机构参与宅基地评估测算,农村宅基地价值确定还存在一定难度。四是农村宅基地制度改革试点工作政策性、专业性强,工作量大,情况复杂,急需制定和配套完善相关管理办法和细则。下一步,平罗县将按照国土资源部《方案》批复意见,加快工作进度,全力推进改革试点工作。

一是科学制定改革时间表和路线图,细化改革方案,明确任务分工,进一步研究制定改革试点工作配套办法。

二是聘请国家土地督察西安局、自治区国土厅、市国土局相关领导和专家成立平罗县宅基地制度改革试点工作专家指导组,加强指导改革试点工作,按既定的改革方向稳步推进,确保改革蹄疾步稳顺利实施。

三是选择群众基础好,两委班子工作能力突出,村庄规划合理有序,近年无重大项目实施的村队进行试点,然后结合平罗县实际,大胆探索,平稳推进。

四是加强基层组织建设,采取村民议事制度建设,强化村集体经济组织在宅基地管理中的主体作用。

五是成立农村宅基地制度改革矛盾纠纷调解委员会,对改革中出现的困难、矛盾纠纷和问题,及时采取措施予以解决,建立风险评估和预案,做到风险可控。

六是安排专人负责,收集相关政策、法规,及时对改革工作进行总结汇总,建档立卡。

农村产权流转交易市场建设研究

　　近年来,农村"三资"实力不断壮大,但由于绝大部分资金、资产、资源"沉淀"在农户和村集体手里,成为农村"沉睡的资本",并造成集体"三资"管理的混乱,也导致资源错配或闲置浪费,影响了城市资金、技术、人才、信息等要素资源向农村流动。由于农村产权流转交易平台缺失,村干部私下交易、寻租现象层出不穷,许多集体产权仍然私下流转、无序交易,一些地方农村产权流转交易存在交易活动不公开、交易程序不规范、交易监督不到位等问题,严重影响了农村集体产权的价值保护,抑制了农村集体经济组织和农户产权价值的实现。为此,从2013年起,农村产权流转交易市场建设被提到了重要高度。2014年年底,国务院办公厅印发了《关于引导农村产权流转交易市场健康发展的意见》,全国各地呈现出积极探索农村产权流转交易市场建设的局面。农村产权流转交易市场建设的必要性和迫切性,是实现农村生产要素合理配置的迫切需要;是规范农村产权交易的迫切需要;是落实农村党风廉政建设的迫切需要;是有效保护农民利益的迫切需要;是切实保障粮食安全生产的迫切需要。农村产权流转交易市场的健康发展,事关农村改革发展稳定大局,对于保障农民和农村集体经济组织的财产权益,提高农村要素资源配置和利用效率,加快推进农业现代化具有积极作用。本课题以宁夏平罗为例,通过深入剖析当前农村产权流转交易市场建设现状、存在的问题,并就完善农村产权流转交易市场管理制度、管理方式,探索建立适合当地实际的农村产权流转交易市场体系和机制等进行了研究探索,以供各地参考。

一、农村产权交易市场建设面临的机遇

（一）国家政策鼓励

十八届三中全会通过的《中共中央关于全面深化改革若干重大问题的决定》中提出：建立农村产权流转交易市场，推动农村产权流转交易公开、公正、规范运行；2014年中央一号文件指出：推动农村集体产权股份合作制改革，

各类产权证书

保障农民集体经济组织成员权利，赋予农民对落实到户的集体资产股份占有、收益、有偿退出及抵押、担保、继承权，建立农村产权流转交易市场，加强农村集体资金、资产、资源管理，提高集体经济组织资产运营管理水平，发展壮大农村集体经济；2014年11月，中办、国办引发了《关于引导农村土地经营权有序流转，发展农业适度规模经营的意见》，鼓励农村土地合理流转，农业发展适度规模经营；2014年12月，国务院办公厅印发了《关于引导农村产权流转交易市场健康发展的意见》（国办发〔2014〕71号），进一步鼓励全国各地积极探索农村产权流转交易市场建设；2015年中央一号文件提出要深化农村土地制度改革，引导和规范农村集体经营性建设用地入市；2015年4月，农业部、中央农办、国土资源部、国家工商总局下发了《关于加强对工商资本租赁农地监管和风险防范的意见》，进一步明确了土地流转的政策，规范了农村土地流转交易行为。2016年中央一号文件提出：深化农村集体产权制度改革。到2020年基本完成土地等农村集体资源性资产确权登记颁证、经营性资产折股量化到本集体经济组织成员，健全非经营性资产集体统一运营管理机制。稳定农村土地承包关系，落实集体所有权，稳定农户承包权，放活土地经营权，完善"三权分置"办法，明确农村土地承包关系长久不变的具体规定。推进农村土地征收、集体经营性建设用地入市、宅基地制度改革试点。在国家有关

政策的引导下,有关试点工作正在如火如荼地展开,这是当前农村产权流转交易市场建设的大好时机和难得机遇。

(二)试点工作经验日趋成熟

自2012年以来,平罗县在区、市党委政府的坚强领导和各有关部门的大力支持下,按照落实集体土地所有权、稳定农户承包权、放活土地经营权"三权分置"的要求,探索开展了农村土地经营管理制度及相关配套改革,取得了明显成效,形成了"平罗经验"。2014年年底,平罗县被国家农业部、中农办等部委确定为第二批承担"农村产权流转交易市场"建设项目的试验区。平罗县在不断的实践中逐步摸索出,完整的农村产权交易市场体系包括5个环节:明晰农村产权交易的种类,界定流转、抵押、转让的范围,体系建设,业务范围,运行管理。截至目前共办理农村"三权"抵押贷款1.29万笔5.7亿元。为经营大户办理抵押贷款18笔1860万元。共收储和转让自愿有偿退出"三权"的农户1718户。其中,1300户用于安置插花移民,已搬迁入住1174户。

(三)新型城镇化步伐加快

2016年,《国务院关于深入推进新型城镇化建设的若干意见》(国发〔2016〕8号)提出:以人的城镇化为核心,以提高质量为关键,以体制机制改革为动力,紧紧围绕新型城镇化目标任务,加快推进户籍制度改革,提升城市综合承载能力,制定完善土地、财政、投融资等配套政策,充分释放新型城镇化蕴藏的巨大内需潜力,为经济持续健康发展提供持久强劲动力。积极推进农业转移人口市民化。加快落实户籍制度改革政策。围绕加快提高户籍人口城镇化率,深化户籍制度改革,促进有能力在城镇稳定就业和生活的农业转移人口举家进城落户,并与城镇居民享有同等权利、履行同等义务。鼓励各地区进一步放宽落户条件,除极少数超大城市外,允许农业转移人口在就业地落户,优先解决农村学生升学和参军进入城镇的人口、在城镇就业居住5年以上和举家迁徙的农业转移人口以及新生代农民工落户问题,全面放开对高校毕业生、技术工人、职业院校毕业生、留学归国人员的落户限制,加快制定公开透明的落户标准和切实可行的落户目标。除超大城市和特大城市外,其他城市不得采取要求购买房屋、投资纳税、积分制等方式设置落户限制。加快调整完善超大城市和特大城市落户政策,根据城市综合承载能力和功能定位,区分主城区、郊区、新区等区域,分类制定落户政策;以具有合法稳定就业和合法稳定住所(含租赁)、参加城镇社会保险年限、连续居住年限等为主要指标,建立完善积分落户制度,重点解决符合条件的普通劳动者的落户问题。加快制定实施推动1亿非户籍人口在城市落户方案,强化地方政府主体责任,确保如期完成。加快建立农业转移人口市民化激励机制。切实维护进城落户农民在农村的合法权益。实施财政转移支付同农业转移人口市民化挂钩政策,实施城镇建设用地扩大规模与吸纳农业转移人口落户数量挂钩政策,中央预算内投资安排向吸纳农业转移人口落户数量较多的城镇倾斜。各省级人民政府要出台相应配套政策,加快推进农业转移人口市民化进程。

二、区内外农村产权交易市场建设的经验启示

(一)四川省成都市

成都农村产权交易所成立于2008年,是全国首家农村产权交易所。其主要经验:一是党委政府高度重视;二是体系不断延伸扩大;三是管理不断提升改进;四是政策不断配套完善。

(二)湖北省武汉市

武汉农村综合产权交易所是继成都之后,全国第二家农村综合产权交易所。其主要经验是:一是注重产品拓展,实现了农村产权交易品种的多样性;二是注重业务效果,实现了农村产权交易方式的创新性;三是注重探索试点,实现了农村产权交易领域的延伸性;四是注重制度建设,实现了农村产权交易行为的规范性。

(三)安徽省

安徽省在推进农村产权流转交易市场建设方面采取重点放在市县两级,打造区域联动一体化服务平台的方式,积极整合农村产权资源。一是统筹农村产权流转交易市场建设;二是重点打造区域联动一体化服务平台;三是加强县乡服务站点建设。

(四)宁夏平罗县

平罗县是国家农业部列入国家级农村改革试验区和农村土地承包经营权流转规范化管理和服务试点地区。2013年平罗县农村产权交易中心揭牌,标志着宁夏首家农村产权交易中心正式成立,开启了宁夏农村土地产权交易规范化、制度化的破冰之旅。2014年年底,平罗县被确定为第二批承担农村产权流转交易市场建设任务的试验区,自国家改革试验区工作交流会结束后,平罗县按照批复要求,对试验项目《农村产权流转交易市场建设实施方案》进行了完善,并按照方案全力推进改革试验。近年来,平罗县不断进行实践和探索,为全区农村产权改革起到了示范和带动作用。

1.建立健全机构,搭建流转交易平台。按照建立健全县、乡两级农村产权流转交易平台的要求,县级不断规范和提升平罗县农村产权流转交易中心服务功能,完善信息发布、竞拍、评估、交易鉴证、资金结算等基础设施,科学规划和设置服务窗口,不断提高流转交易市场规范化水平。乡镇依托民生服务中心,设立农村产权流转交易服务站,作为县级交易中心的分支机构,负责农村产权交易信息的收集、审核、登记、报送等工作,不履行流转交易职能。

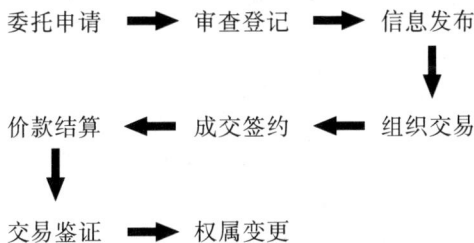

委托申请 ➡ 审查登记 ➡ 信息发布
⬇
价款结算 ⬅ 成交签约 ⬅ 组织交易
⬇
交易鉴证 ➡ 权属变更

平罗县农村产权交易流程

●交易管理

平罗县范围内的农村产权交易机构由平罗县农村产权交易中心和乡(镇)农村产权交易服务窗口组成(以下统称"交易机构"),为农村产权的流转交易提供服务。

平罗县行政区域内同一集体经济组织内部之间,农村集体经济组织、农业生产经营组织、法人和自然人之间以转让、互换、流转、转包、拍卖、收储等形式发生产权转让行为,期限在1年以上的,由县农村产权交易中心统一组织实施。

●交易机构职责

平罗县农村产权交易中心是依法批准设立,为全县农村产权流转交易提供场所设施、信息发布、组织交易、交易鉴证、政策咨询等服务的机构。其主要职责是：

①负责农村产权交易的申请受理、审核、登记等相关事宜；

②负责农村产权流转交易信息的发布和成交公告；

③为农村产权交易活动提供场地、设施、组织交易、合同鉴证、备案登记等服务；

④负责农村产权流转交易活动情况的统计、分析、反馈及相关资料的存档工作；

⑤负责搭建全县统一的农村产权交易信息网站和数据库系统，实现信息发布、业务管理、网络竞价交易等核心功能；

⑥乡（镇）设立的农村产权交易服务窗口，负责农村产权流转交易信息的收集、报送、交易咨询以及农村产权交易中心授权的其他服务。

2.制定完善制度，健全流转交易政策体系。为推进交易工作的规范开展，制定了《平罗县农村产权交易管理暂行办法》和《平罗县农村产权交易规则》，并出台了《平罗县农村集体建设用地使用权交易指南》《平罗县农村土地承包经营权交易指南》《平罗县农村房屋所有权和宅基地使用权交易指南》《平罗县农村集体经济组织股权交易指南》《平罗县大型农机具、农业基础设施等农村实物资产交易指南》5项具体的交易指南。同时，出台了《平罗县农村土地承包经营权、流转经营权和宅基地使用权抵押贷款管理办法》《平罗县农村产权抵押融资风险基金筹集与使用管理暂行办法》《平罗县农民集体土地和房屋产权自愿永久退出收储暂行办法》《关于确定平罗县农村土地承包经营权抵押贷款价值评估基准参考价的通知》等相关配套办法，确保平罗县农村产权交易工作有序、规范开展。

3.提前做好风险预警，建立了严格灵活的农村产权抵押贷款机制。

（1）探索将农村土地承包经营权、流转经营权和宅基地使用权作为有效抵押物进行抵押贷款，并给予利率优惠。

（2）建立风险预警与损失补偿机制。县政府设立农村产权抵押贷款风险防范基金，对因各种因素造成的产权抵押贷款资金本息实际损失，由风险防范基金与金融机构按80%和20%的比例分别承担，最大限度地降低金融机构风险。

（3）建立了农村土地产权价值评估机制。出台农村土地产权价值评估指导价格，作为抵押贷款的参考依据。金融机构大胆创新抵押方式，积极配合开展农村产权抵押贷款。

（4）成立了全区首家农村产权交易中心，建立了平罗县农村产权交易信息网站，对农民土地承包经营权、宅基地使用权、房屋所有权和村集体荒地承包经营权等农村产权供需信息进行发布。

4.探索创新农民"三权"自愿有偿转让机制。

（1）出台了《农村集体土地和房屋产权自愿永久退出收储暂行办法》。采取财政预算安排和收储土地、房屋流转收益注入的方式，设立500万元农民土地和宅基地退出收储基金。

（2）对在城镇有稳定收入来源和固定住所的农户，按照自愿有偿原则，允许其自愿有偿转让农村土地承包经营权、宅基地使用权和房屋所有权"三权"，同时转为城镇户口，放弃农村集体经济组织成员身份和权益，并给予一次性补偿。对农户退出的耕地，由村集体经济组织统一补偿收储后，可采取转包、出租、转让等方式进行流转，促进土地规模经营。转让集体土地承包经营权，收储价格参照当地当年土地流转价格，按照每年上浮5%乘以二轮承包期剩余年限得出（根据地类不同每亩收储价格为0.9万~1.2万元，平均1万元）；宅基地收储价格以270平方米为上限参照自治区规定的耕地补偿标准，超出部分标准为每亩1万元；房屋按照确权颁证面积经评估后确定补偿价格，一般为4万~5万元。退出农户同时享受村集体经济组织收益分配补偿，按照当年人均分配标准，参照二轮土地承包期剩余年限给予一次性补偿，以后不再参与分配。

（3）将农民"三权"自愿退出转让与自治区生态移民安置工程相结合。利用自治区生态移民安置项目每户12万元安置资金，支付农民"三权"退出转让补偿费，不足部分由县财政补贴。按照每户5亩水浇地、住房面积不低于80平方米的标准，采取"大分散、小集中"或"组团式"结亲联姻的方式，将生态移民插花安置到退出"三权"农户所在的村队。通过将农民"三权"自愿有偿转让与生态移民插花安置相结合，降低了政府生态移民安置成本，盘活了当地农民闲置资产，增加了农民财产性收入，也能使移民更快融入当地生产生活，实现"搬得来、稳得住、逐步能致富"的目标,为全区移民安置探索了新途径、创造了新模式。

三、存在的问题

1.交易品种"少"。农村产权交易机构的进场品种和项目数量较少,除正常的土地流转外,诸如经营性资产、小农水设施、农村知识产权、农业生产性设施使用权(温室、农业机械、养殖场房等),等等,目前很少进入农村产权流转交易市场进行流转交易。

2.交易链条不完善。部分农民长年在外务工,收入相对稳定,且在城里购买了固定住所,愿意将自己的承包地流转出去,但无人接盘。

3.配套服务功能"弱"。要确保农村产权流转交易市场的畅通运行,需要完备的资产评估、权属确认、信息发布等工作运行体系作支撑。目前农村产权交易市场建设,最大的难点还是在日常资产评估与权属确认上,有许多产权交易事项不能顺利办理,就是因为权属确认和资产评估难以到位所致。一方面,这种评估机构较少,使得农村产权交易无法及时进行,大大降低了农村产权进场交易的效率;另一方面,中介服务机构在提供市场服务的同时需要取得合理回报,然而农村产权交易服务本来就存在投入高、回报少的缺陷,农民对这一收费性服务又不甚了解,从而进一步延缓了农村产权交易的进程。

4.风险防范"难"。部分工商企业是由当地政府或村级组织通过招商引资引进的,租赁农民承包地后,可拿着流转经营权在银行抵押贷款,在经营过程中,由于管理不到位,加之农产品市场价格的不确定性,导致中途经营不下去,而流转合同中又缺乏退出约束、保障等机制,造成单方面终止合同,一方面给村集体和农民造成很大损失,另一方面银行部门贷出去的资金也难以收回。虽然目前的"财政兜底"模式对于激发金融机构积极性起了关键作用,但并不具有可持续性。从政府层面看,政府提供了一定数量的农村产权抵押贷款风险补偿基金。但是,面对庞大的贷款余额,可谓是杯水车薪,不能满足风险控制的需求,不能完全拉动金融机构对农村产权贷款投放的积极性。

5.政策限制多。国家的法律法规和政策对农村产权流转交易有一定政策限制,比如:农民宅基地流转交易受"一户一宅"和必须在集体经济组织成员内部进行流转交易的政策限制,实际交易难以扩大规模。国土部规定农村集体经营性建设用地上市交易只能在试点县开展,其他县区暂不能开展等。

6.保障力度不够大。农村产权流转交易市场建设不是一个孤立的问题,涉及经济社会发展的方方面面。目前,农村留守现象严重,农村文化建设和发展相对滞后,社会保障制度不健全,导致老年农民不愿意交易流转产权。另外,流转交易工作既是一项创新型工作,也是一项庞大的系统工程,应该说是一个涉及农村改革与发展的大课题,需要大量和专门的人、财、物资源要素作支撑。但就现状而言,不管是县级还是乡镇,对这块工作基本没有考虑增加人员编制和财政经费预算,缺乏必要的工作保障,导致乡镇对这项工作被动应付。

四、推动农村产权流转交易市场建设的对策建议

(一)探索不断扩大流转交易规模,完善交易链条

农村承包土地呈现量多、分散、面积小的特点,将是农村产权流转交易中心成立后日常接收办理最多的项目,应当对农村土地承包经营权流转、农业生产性设施使用权交易制定详细的交易规则和快捷高效的交易流程。同时,由于多年来的发展,农村经济基础日渐雄厚,农村集体资产种类多,是农村产权交易的重点,应当将镇村两级集体经济组织的资产发包、转让、出借列为主要交易内容并加以规范。农村产权流转交易市场成熟完善、交易机制步入正轨后,可根据情况增加农村集体经济股权抵押和流转、农村闲置房屋和宅基地以及知识产权等的流转交易项目。

1.探索开展农村集体经营性建设用地使用权流转交易。在符合规划和用途管制的前提下,探索开展农村存量集体经营性建设用地(农村闲置中小学、加工厂等)确权颁证和出让、租赁、入股等流转交易,为新型农业经营主体和农产品流通、加工企业提供经营性建设用地,推进农村集体经营性建设用地与国有建设用地使用权同等入市、同权同价。

2.探索开展农民宅基地使用权和房屋所有权流转交易。在全面完成农民宅基地使用权和房屋所有权确权登记颁证工作的基础上,结合农村自然村的规划调整,探索将调整后的闲置宅基地复垦利用与城乡建设用地增减挂钩政策相结合,切实盘活农村闲置土地资源。探索建立市场化运作方式,吸引社会资本投入农村宅基地和房屋产权有偿转让,将宅基地使用权转换为集体经

营性建设用地使用权后进行有偿转让。

3.探索开展农村水利基础设施使用权流转交易。完成农村小型水利工程确权颁证工作,明确农村小型水利工程所有权、管理权和使用权,探索开展农村水利设施的产权交易工作。

4.探索开展农村林权流转交易。明确农村集体经济组织林木所有权、管理权和经营权并颁发相关权证,探索林木所有权流转交易和抵押机制,规范农村林木资源管护工作。

5.探索开展农村集体经济组织股权流转交易。全面完成农村集体"三资"核查清理,选择2~3个村"两委"班子强、村集体经济实力强的试点村,完成村集体经济组织成员股权配置和证书颁发,探索建立股权的流转、转让、退出、抵押等流转交易机制。

6.探索开展农业生产性设施使用权的流转交易。明确农业生产性设施(养殖场、设施农业、温室、池塘、农产品加工设备厂房等)使用权并颁发相关权证,探索建立农业生产性设施使用权流转交易和抵押贷款机制。

(二)拓展业务范围,强化流转交易配套服务

一是组织交易。为农村产权流转交易提供场所,组织农村产权流转交易,特别是组织开展农村集体闲置土地承包、租赁、拍卖、挂牌交易等业务,履行流转交易鉴证职能。二是信息服务。构建县乡村农村产权流转交易市场信息网络体系,开通农村产权流转交易电子板块,实现信息发布、业务管理、网络竞价交易等核心功能。同时借助电视、广播及报刊等媒体扩大信息发布的覆盖范围。三是加强运行管理,规范流转交易行为。县、乡两级农村产权流转交易机构应本着平等、自愿、互利的原则协商建立责权利联结机制,全县农村产权流转交易实行统一监督管理、统一交易规则、统一信息发布、统一收费标准、统一交易软件,分级办理业务,各自独立承担法律责任和市场风险。探索建立农村产权流转、抵押和交易风险评估机制。县农、林、水等涉及农村产权流转交易的职能部门按照"统一受理、分职履行、归口管理"的运行方式,做好前期政策咨询、产权审查、风险评估、交易后的产权变更登记或备案等工作。交易中心负责统一公布交易信息,协商交易方式,鉴证合同签订,负责出具鉴证书,完成交割结算。四是中介服务。建设农村产权交易中介服务体系,引导评估、保险、拍卖、担保、司法公证等专业中介机构为各类农村产权交易提供法律咨询、产权评估、农业保险、价格指导、交易公证等配套服务。五是金融服务。与涉农金融机构建立合作关系,积极探索开展农村土地承包经营权、宅基地使用权、房屋所有权、集体经济组织股权、农业保险、农业基础设施使用权和大型农机具等农村产权抵押贷款服务,开辟农村产权抵押融资渠道。本县所辖农村集体产权依法采取转让、出租、入股、抵押或其他方式流转交易的,必须在县农村产权流转交易中心交易。

(三)不断规范完善农村产权抵押贷款机制

一方面,进一步规范完善农村产权抵押贷款工作流程和风险防范机制,在全面开展农村土地承包经营权、流转经营权、宅基地使用权、房屋所有权抵押贷款的基础上,针对新型农业经营主体和畜禽养殖场缺乏抵押物而导致融资难的问题,建立农村集体经营性建设用地使用权以及地上附着物确权颁证和价值评估办法,探索开展农村集体经营性建设用地(用于建设养殖场、晒场、加工厂、仓储库房等设施)使用权抵押融资。也可将新型农业经营主体的农业生产性设施所有权、土地流转经营权与经营性建设用地使用权打包进行抵押融资,切实解决新型农业经营主体融资难的问题。另一方面积极引进社会资本投资建立农村产权融资担保公司,为农村产权抵押融资、投资开发、合同履约、财产保全等提供担保服务,不断拓宽农村产权融资渠道,降低政府和金融机构风险。

(四)完善制度,制定好政策法规

1.完善制度。当前因为土地问题而引发的矛盾已经成为农村社会矛盾的主要内容,因土地征用、征收补偿纠纷引发的群体性事件也不在少数,土地问题日益成为农民维权抗争的焦点,这都与目前农村土地产权的二元分权制度有密切联系。由于客观历史条件的限制,土地承包经营引起的农村土地制度改革是在缺乏成熟理论准备与系统的政策设计的情况下进行的,家庭联产承包责任制只着重对农业生产经营方式进行了调整,不可能深入地涉及农用土地产权制度的改革问题,因此与城镇的国有土地使用制度改革相比,农用土地产权制度的改革是不规范、不系统、不彻底的。随着社会主义市场经济的发展这种制度的弊端逐渐显现了出来,并严重影响着农村生产力的发展和城乡经济结构的调整。比如土地产权的多元化、土地流转制度的缺陷、农民宅基地与附着其上的房屋的物权矛盾，以及在农村集体土地上建造商品房，即小产权、乡产权问题等等，由此引发的矛盾和冲突不断，对农村社会的稳定和谐构成极大的潜在威胁。随着城市化进程的加快，在土地资源紧张的状况下，农民弃耕、薄耕、抛荒现象严重，农民从事农业生产的积极性下降，强壮劳动力大都外出打工，留下老弱妇孺，劳动生产率低下。这都反映出，现有的家庭联产承包责任制的土地产权形式已出现"瓶颈"。因此，建设社会主义新农村的现实要求我们对农村土地产权制度进行研究和完善。

2. 制定好政策法规。农村产权交易市场必须探索出一条高效有序的产权交易运行机制。因此从自治区层面要尽快出台引导、管理及交易规则等一系列推动农村产权交易市场建设的相关政策。在机构设立、部门职责、交易引导、运转经费补贴、业务宣传培训等方面出台配套措施，给予政策支持，规范农村产权交易行为，确保农村产权交易工作全面有序开展。建议在保护农民利益的前提下，政府部门充分发挥主导作用，通过政府购买社会化服务的形式、以政府雇员的方式解决工作人员不足的问题；在原有职能闲置机构的基础上，改造并完善相关流转交易机构，形成完备的流转与交易体系。实行市场建设与运营财政补贴相结合，通过政府购买服务的方式，根据农村产权流转交易宗数，为服务平台提供足额补贴。

(五)强化保障，提高农民非农产业的收入

要建立流出土地农民的生活保障机制，强化职业技能培训，加快农村剩余劳动力转移就业，使流出土地的农民得到长期而稳定的生活保障。要完善和落实城乡居民社会养老保险、医疗保险政策，完善农民向市民转变的土地、户籍、住房、教育、就业等政策，逐步提高保障水平，解决农民后顾之忧。

1. 要提高农村公共服务水平。把社会事业发展的重点放在农村和接纳农业转移人口较多的城镇，加快推动城镇公共服务向农村延伸。加快发展农村学前教育，坚持公办民办并举，扩大农村普惠性学前教育资源。建立城乡统一、重在农村的义务教育经费保障机制。全面改善贫困地区义务教育薄弱学校基本办学条件，改善农村学校寄宿条件，办好乡村小规模学校，推进学校标准化建设。加快普及高中阶段教育，逐步分类推进中等职业教育免除学杂费,率先从建档立卡的家庭经济困难学生实施普通高中免除学杂费,实现家庭经济困难学生资助全覆盖。深入实施农村贫困地区定向招生等专项计划,对民族自治县实现全覆盖。加强乡村教师队伍建设,拓展教师补充渠道,推动城镇优秀教师向乡村学校流动。办好农村特殊教育。整合城乡居民基本医疗保险制度,适当提高政府补助标准、个人缴费和受益水平。全面实施城乡居民大病保险制度。健全城乡医疗救助制度。完善城乡居民养老保险参保缴费激励约束机制,引导参保人员选择较高档次缴费。改进农村低保申请家庭经济状况核查机制,实现农村低保制度与扶贫开发政策有效衔接。建立健全农村留守儿童和妇女、老人关爱服务体系。建立健全农村困境儿童福利保障和未成年人社会保护制度。积极发展农村社会工作和志愿服务。切实维护农村妇女在财产分配、婚姻生育、政治参与等方面的合法权益,让女性获得公平的教育机会、就业机会、财产性收入、金融资源。加强农村养老服务体系、残疾人康复和供养托养设施建设。深化农村殡葬改革,依法管理、改进服务。推进农村基层综合公共服务资源优化整合。全面加强农村公共文化服务体系建设,继续实施文化惠民项目。在农村建设基层综合性文化服务中心,整合基层宣传文化、党员教育、科学普及、体育健身等设施,整合文化信息资源共享、农村电影放映、农家书屋等项目,发挥基层文化公共设施整体效应。

2.要推进农村劳动力转移就业创业和农民工市民化。健全农村劳动力转移就业服务体系,大力促进就地就近转移就业创业,稳定并扩大外出农民工规模,支持农民工返乡创业。大力发展特色县域经济和农村服务业,加快培育中小城市和特色小城镇,增强吸纳农业转移人口能力。加大对农村灵活就业、新就业形态的支持。鼓励各地设立农村妇女就业创业基金,加大妇女小额担保贷款实施力度,加强妇女技能培训,支持农村妇女发展家庭手工业。实施新生代农民工职业技能提升计划,开展农村贫困家庭子女、未升学初高中毕业生、农民工、退役军人免费接受职业培训行动。依法维护农民工合法劳动权益,完善城乡劳动者平等就业制度,建立健全农民工工资支付保障长效机制。进一步推进户籍制度改革,落实1亿左右农民工和其他常住人口在城镇定居落户的目标,保障进城落户农民工与城镇居民有同等权利和义务,加快提高户籍人口城镇化率。全面实施居住证制度,建立健全与居住年限等条件相挂钩的基本公共服务提供机制,努力实现基本公共服务常住人口全覆盖。落实和完善农民工随迁子女在当地参加中考、高考政策。将符合条件的农民工纳入城镇社会保障和城镇住房保障实施范围。健全财政转移支付同农业转移人口市民化挂钩机制,建立城镇建设用地扩大规模同吸纳农业转移人口落户数量挂钩机制。维护进城落户农民土地承包权、宅基地使用权、集体收益分配权,支持引导其依法自愿有偿转让上述权益。

(六)发挥多种形式农业适度规模经营引领作用

坚持以农户家庭经营为基础,支持新型农业经营主体和新型农业服务主体成为建设现代农业的骨干力量,充分发挥多种形式适度规模经营在农业机械和科技成果应用、绿色发展、市场开拓等方面的引领功能。完善财税、信贷保险、用地用电、项目支持等政策,加快形成培育新型农业经营主体的政策体系,进一步发挥财政资金引导作用,撬动规模化经营主体增加生产性投入。适应新型农业经营主体和服务主体发展需要,允许将集中连片整治后新增加的部分耕地,按规定用于完善农田配套设施。探索开展粮食生产规模经营主体营销贷款改革试点。积极培育家庭农场、专业大户、农民合作社、农业产业化龙头企业等新型农业经营主体。支持多种类型的新型农业服务主体开展代耕代种、联耕联种、土地托管等专业化规模化服务。加强气象为农服务体系建设。实施农业社会化服务支撑工程,扩大政府购买农业公益性服务机制创新试点。加快发展农业生产性服务业。完善工商资本租赁农地准入、监管和风险防范机制。健全县乡农村经营管理体系,加强对土地流转和规模经营的管理服务。

(七)保障经费,强化扶持,确保实效

建立农村产权流转交易市场要以减轻农民负担、增加农民收入、保障农民利益为目的。农村产权流转交易中心成立后,对前来交易的农民不收取任何费用,以减轻农民的负担和顾虑。对此,国家及地方财政应当安排专项资金予以保障,将交易服务中心运行经费,包括人员工资、福利支出、日常办公经费、系统平台的运行维护费等一系列支出列入财政预算,保证交易中心工作长期有序运转。

第五部分
培育新型农业经营主体

把握发展关键环节　增强联农带农作用

——关于农民专业合作社规范化建设的实践与思考

　　培育农村专业合作经济组织，是提高农民进入市场的组织化程度，解决分散的个体农民经营和社会化大生产之间的矛盾，促进乡村振兴的重要举措。但是，当前平罗县农民专业合作社规范化发展还存在一定问题，主要表现为农民的合作意识还比较淡薄，合作社纵向横向联系不紧密，发展基础薄弱，带动面不宽，与农户缺乏较为严密的利益共同体关系。部分合作社服务手段落后，统一提供农业社会化服务的能力不足。近年来，平罗县紧紧围绕县域优势特色产业发展，引导农民多形式、多层次、多领域兴办农民专业合作社，加快农民专业合作社规范化建设，有效地推进了农业产业化进程，拓宽了农民增收渠道。

一、主要创新做法

（一）规范提档一批，突出示范引领

　　平罗县将合作社规范建设贯穿指导发展全程，围绕依法依章办社，合作社治理能力不断增强，紧密成员合作关系，夯实"三会"有效运行，规范盈余分配。制定《平罗县星级经营主体创建评选办法》，每年筹措资金200余万元对星级合作社进行奖补，鼓励合作社提档升级。指导合作社依法建立健全组织机构，明确职责分工，引导合作社规范财会制度和盈余分配制度，定期公开财务报表，接受成员监督，全县基本形成了合作社自我规范、部门指导规范、社会监督规范的良性发展局面。截至目前，全县登记注册农民专业合作社940家，正常运营733个，合作社成员总数达6230人。通过国家、省、市、县示范社"四级联创"，成功创建县级示范社77个，市级示范社38个，区级示范社27个，国家级示范社10个，树立了一批合作社示范标杆和样板。探索农村产权制度

改革成果与合作社有机结合,23家合作社与村集体经济组织紧密合作,增加村集体收入184万元。

(二)健康运行一批,提高服务能力

充分发挥合作社引领农民节本增效、群众规模经营、带动就业增收作用。全年合作社为成员提供统供统销、统防统治、统耕统种统收等经营服务总值达到2725万元,30%的合作社实现产加销一体化,建成各类农业示范园区109个,带动全县优质水稻生产18万亩,制种15.2万亩,瓜菜22万亩,各类合作社实现经营收入6.6亿元,可分配盈余8327.5万元,土地规模化经营25.6万亩,农业集聚发展态势凸显。按照"八统一"模式,推动合作社走标准化生产、商品化处理、订单化销售路子,与农户建立紧密联结机制,带动4.2万户群众参与优势特色产业规模化、专业化生产,签订订单34万亩,每年每户农户节省成本650元,合作社成员户均增收8000元以上。持续推动合作社品牌建设,96家农民合作社注册沙漠瓜菜、"绿茵"种子等农产品商标100多个,其中,宁夏著名商标36个,宁夏名牌产品6个,"三品一标"农产品达24个。全县建设无公害食品和绿色食品生产区近20万亩。

(三)拓展延伸一批,丰富产业类型

平罗县顺应农业多功能和农民合作多需求趋势,引导合作社不断拓宽服务范围,引进现代要素和现代业态,集聚合作社发展新动能,促进一、二、三产业融合发展。推动合作社由种养业向农产品加工、民间工艺制作和服务业延伸。全县153家农业企业中,由农民专业合作社自办或参与的加工流通企业达到63家,全县农产品加工转化率达68%。21家合作社参与发展电商业务,乡村级电商服务站达到120个,前三季度,全县电商交易额达7.32亿元,同比增长32%,线上销售农产品达1.44亿元,同比增长33.5%。20家发展休闲农业、乡村旅游、信息服务等新产业新业态,上半年全县休闲农业营业收入达到1794万元,农产品销售收入达480万元。

(四)淘汰清理一批,提高发展质量

成立"空壳社"专项核查清理工作领导小组,制定实施方案,明确各部门职责,采取现场查看合作社经营场所、生产基地、管理制度、会计账目,结合实地问询合作社交易相对人、成员、村"两委"等方式,对县域内所有注册合作社开展全面调查摸底,重点对被列入经营异常名录、群众反映和举报存在问题以及在"双随机"抽查中发现异常情形的农民合作社依法依规逐一排查,精准甄别存在问题。在全面普查的基础上,按照"清理整顿一批、规范提升一批、扶持壮大一批"原则,实行分类处置,共甄别确定清理整顿"空壳社"207家、规范提升类353家、扶持壮大类380家。目前清理整顿类正在进行清理注销,规范提升类与扶持壮大类已建立专业指导队伍进行规范指导,健全运行管理制度,提升合作社综合能力。

二、取得的主要成效

(一)提高了农产品产销组织化程度

农村专业合作经济组织通过各种形式的联合与合作,与农户签订产销订单,为企业和农民搭建购销桥梁,组织统一提供生产资料,统一销售,统一品牌,统一加工,大大提高了农产品的产销组织化程度和农民参与市场竞争的能力,实现了销售主体带动生产主体,使农户获得了较好的收益,加快了农产品流通、加工、生产一体化进程。如高仁乡乐海山西瓜合作社向会员统一提供种子、化肥、农膜等生产资料,统一商标,统一销售,有效提高了沙漠西瓜的产销一体化水平。

(二)引导促进了农业产业结构调整

由于合作经济组织与农户、企业建立了比较稳定的产销利益关系,较好地解决了农产品销路问题,带动了优势特色农产品的规模化、专业化生产。如在专业合作经济组织的带动下,平罗县蔬菜制种种植面积逐步扩大,市场开拓能力显著提高,蔬菜制种逐步发展成为平罗县的优势主导产业;清真牛羊肉产业向着标准化、规模化、品牌化方向发展。

(三)完善了社会化服务机制

农村合作经济组织的建立,改变了农业技术服务只能依靠政府部门的单一局面,成为农业社会化服务的补充力量,对新品种的引进、新技术的示范推广、加快科技成果转化具有非常重要的意义。各类合作社为基地农户提供形式多样的社会化服务,如统一赊销生产资料,统一销售,提供技术服务、信息服务、培训服务等。形式多样的服务形式,为技术人员进行有偿服务提供了平台,也为科技服务体系的改革奠定了基础。

(四)加快品牌培育步伐,进一步提升产业层次

在合作组织的运作下,平罗县优势主导产业产品品牌得到培育,并逐渐成长,在国内外享有一定声誉。如高仁乡乐海山西瓜合作社本着品牌化生产的思路,注册了"乐海山"商标,蔬菜种子合作社注册了自治区级著名商标"绿茵""宁兴"和"仙苑"。在品牌的带动下,产业层次得到提升,产品知名度不断提高。

三、存在的问题

(一)认识不够深

主要表现为农民的合作意识还比较淡薄,合作社纵向横向联系不紧密,发展基础薄弱,带动面不宽。各个部门对合作社在农业发展领域的主导作用认识还不够。

(二)运行机制不够健全

部分合作社存在组织结构相对松散,利益联结机制不紧密,与农户缺乏较为严密的利益共同体关系。部分专业合作社财务制度、收益分配制度还不够健全,监事会、理事会等机构作用还没有得到充分发挥。

(三)社会化服务相对滞后

部分合作社由于规模小,缺乏资金实力,服务手段落后,统一提供农业社会化服务的能力不足,不能满足农业产业化全面发展的需要。

(四)带动能力不够强

农业龙头企业、农民合作社、家庭农场和农民之间的联合与合作还不够紧密,合作社带动农户的范围和深度还存在差距,与现代农业发展还不相适应。

四、意见建议

(一)继续规范合作社运行机制

健全运行管理制度,提高民主管理水平,加大"空壳社"核查和清理力度,推进依章办社、推进依法登记、推进机构协调运行、推进盈余科学分配,力争80%以上的合作社建立完备的成员账户、实行社务公开、依法进行盈余分配,成员权益得到切实保障,培育壮大一批规模大、竞争力和带动力强的合作社。

（二）强化合作社联合与合作

建立健全已经成立的产业联合体和联合社运行机制和各项制度,使其充分发挥联合与合作作用,形成密切的产销衔接关系。着眼推进区域性联合、行业性联合和产业链联合,围绕草畜产业、奶产业、蔬菜产业,继续培育建设1~2个产品服务市场占有率高、品牌知名度大、市场谈判地位高、竞争力强的合作社联合社。

（三）继续提升指导服务能力

重点从健全规章制度、构建扶持政策体系、加强示范引领、探索准入退出机制、搭建服务平台5个方面着手,加大政策和资金扶持力度,从资金、土地、金融等方面着力解决制约合作社发展的突出问题,力争合作社组织规模和带动能力不断扩大。

（四）抓好示范引领增强服务能力

继续实施示范社创建活动,对示范社给予重点扶持。选择产业基础牢、带动能力强、信用记录好的合作社,积极稳妥开展社会化服务,探索满足小农户发展农业生产的社会化服务模式,为农民群众提供单个办不了、发展最需要的服务。

平罗县培育新型农业经营主体的调研报告

近年来,随着城镇化和农业现代化深入推进,农村劳动力大量转移,新型农业经营主体不断涌现,土地流转、规模经营已成为农村发展的必然趋势。平罗县在深化农村改革中,积极引导农村土地经营权有序流转和农业适度规模经营健康发展,为保障国家粮食安全、促进农业增效和农民增收夯实了基础。

一、全县新型农业经营主体发展现状和特点

2011年年底平罗县被国家农业部确定为24个农村改革试验区后,经过3年多的土地经营管理制度改革试验,全县形成以家庭农场和专业大户为主导、农民专业合作社为纽带、农产品加工企业为支撑的新型农业经营体系,新型农业经营主体呈现出多元的发展态势。

(一)经营规模不断壮大,新品种新技术不断涌现

2012年以来,全县共培育家庭农场、专业大户、农民专业合作社、农产品加工企业等各类新型农业规模经营主体326个(其中,培育家庭农场160个,专业大户90个,农民专业合作社15个,农产品加工企业59个,土地托管和股份合作各1个),规模流转土地24.3万亩,带动全县土地流转37万亩,占全县耕地面积的39%,流转农户13000户,占全县农业总户数的22%。在326个经营主体中,玉米种植113个,面积7.9万亩;水稻种植100个,面积7.4万亩;小麦制种2个,面积0.3万亩;玉米制种1个,面积0.2万亩;油葵种植37个,面积2.9万亩;瓜菜制种36个,面积1.9万亩;药材种植3个,面积0.1万亩;饲草种植13个,面积2.1万亩,林果类种植20个,面积1.4万亩;水产养殖1个,面积0.05万亩。全县新型农业经营主体规模不断发展壮大,新品种新技术不断涌现。全县培养新型职业农民2240多名,建成示范性新型农业经营主体51个,使全县青年职业农民是新型经营主体法人、新型经营主体经营者是青年职业农民。

(二)经营模式不断创新,示范带动作用持续发挥

各类新型农业经营主体充分发挥自身优势,采取多种经营模式,取得了较好的示范带动作用。一是"龙头企业+专业合作社+农户流转+农户入股+农户订单"模式。如平罗县盈丰植保专业合作社依靠自身发展优势,与外地越夏番茄经销公司签订销售合同,合作社探索流转、订单、入股"三位一体"模式,流转小兴墩村农民土地206亩种植越夏番茄,探索流转农户入股19户,入股土地103亩,与周边姚伏镇、头闸镇等乡镇经营主体和农户签订越夏番茄种植订单,全县发展越夏番茄种植基地面积达10000亩,合作社流转地亩均纯收益达到2500元,流转农户亩流转费800元,户均增收15000元,订单农户亩均纯收益达20000元,入股农户红利10000元。二是"专业合作社+养殖场+农户流转+农户入股"模式。如平罗县丰叶绿宝专业合作社流转渠口乡金桥村农民土地2270亩,种植豌豆、玉米、苗木等作物,养殖场与合作社签订玉米订单合同,用于青贮饲料,使合作社每年纯收益近100万元,固定用工12人,参与固定用工人员用土地进行入股,人均年取得红利30000元,流转农户户均增收上万元。三是"农产品流通+家庭农场+农户"模式。如平罗县禾旺家庭农场发展种植加流通模式,以农业生产、农场主导、农产品流通为体系的一条龙服务,流转农民土地1780亩,年生产粮食200万斤(玉米、水稻),年流通粮食3万吨,既利用了示范场地晒场,又方便了周边邻村农民卖粮。四是"家庭农场+农家乐+农户"模式。如平罗县金茂源家庭农场,集种、养、休闲于一体,示范带动周边农户50余户走上了农业产业化的发家致富的道路。

(三)经济效益不断增长,经营主体和农民实现双赢

全县培育新型农业经营主体,亩均纯收益按3年平均计算,水稻亩均纯收益261元,小麦亩均纯收益174元,玉米亩均纯收益578元,蔬菜亩均纯收益710元,西瓜亩均纯收益1600元,饲草亩均纯收益423元。经过3年培育发展,2012年培育经营主体64个,亩均纯收益最高西瓜1500元,亩均纯收益最低小麦300元,有85%经营主体实现了较好经济效益,有3个经营主体亏损,亩均亏损50元,这3个经营主体都以种植水稻为主;2013年培育118个经营主体,

亩均纯收益最高西瓜1300元,亩均纯收益最低小麦125元,加之2012年培育经营主体,有93%经营主体实现了较好经济效益,有12个经营主体出现亏损,亩均亏损100~240元,10个经营主体种植水稻亏损,占亏损经营主体的83%;2014年培育129个经营主体,亩均纯收益最高西瓜2000元,亩均纯收益最低小麦143元,有98%经营主体实现了较好经济效益,有7个经营主体亏损,亩均亏损70~200元,6个经营主体种植水稻亏损,占经营主体的86%。从经营主体亏损情况看,3年(2012—2014年)共亏损22个经营主体(包括连续亏损),有19个经营主体是种植水稻,种植粮食作物亏损占总亏损的86%。大部分经营主体在管理方式、新品种引进、新技术推广等方面起到示范带动作用,不仅提高了流转地农民劳务收入,还使经营主体在经营中取得了较好的效益,实现了经营主体和农民双赢。

(四)经营环境不断优化,经营主体规范发展

一是政策引导力度加大。先后出台了《平罗县新型农业经营主体土地流转及经营管理办法》《平罗县土地规模经营主体验收办法》《平罗县农村土地承包经营权流转管理办法》《平罗县发展家庭农场指导意见》等办法,建立了经营主体准入、监管、考评、扶持、退出等机制,并向经营主体颁发农村土地流转经营权证书,提高了家庭农场、专业大户、农民专业合作社、农产品加工企业、土地股份制等经营主体培育引导力度。二是财政奖补力度加大。3年来,县财政投入资金近1000万元,在土地流转、基础设施建设等方面对经营主体给予扶持,对经营主体流转农民土地每亩给予30~50元补贴,对其建设晒场、仓储等设施用地优先审批,并给予总投资30%的补贴。并加大经营主体对地力培肥、农水建设、流通加工等机械投入力度,整地、种植、收获达到全程机械化,使全县经营主体生产经营机械化率均达到98%以上。三是技术服务全覆盖。对全县所有的新型规模经营主体,采取县级领导和部门包点,技术人员包服务的方式,在建设标准、品种技术、种养规模、农业保险等方面进行重点指导,为经营主体制定发展规划,提供免费技术、信息服务,帮助开拓市场、创建品牌,提高其生产经营水平和产品市场竞争力。使经营主体生产经营紧紧围绕当地优势主导产业,加快新品种、新技术的示范推广。全县经营主体生产经营良种良法覆盖率达到95%以上,共创立自主品牌20多个。

二、存在的问题

虽然平罗县新型农业经营主体培育已初具规模,发展态势良好,但在发展过程中仍存在一些突出问题,不同程度制约着现代农业的快速发展。

(一)准入把关不严格,侵害了村集体和农民利益

流转初期对经营主体没有建立严格的资格审查和风险保证金制度,造成双方权益保障存在隐患。一是个别经营主体流动资金不足,只是为了享受政府补贴政策而侥幸流转土地,补贴政策享受完就退出经营,土地无法恢复生产,农民权益受损。二是个别经营主体流转土地面积大,投资大,见效慢,出现经营亏损时随意违约退出,影响农民收益。

(二)示范带动能力弱,经营主体经济效益不明显

经营主体流转土地后种植传统粮食作物和经济作物,农业优势特色产业发展较少,全县326个经营主体中种植水稻、玉米等传统作物的有253个,种植面积达18.8万亩,占流转面积的77.3%。一是因传统种植农业不能实现土地收益最大化,经营方式粗放、市场等因素影响,增收效果不明显。二是大多数经营主体以种植销售为主,没有对农产品进行深加工、精加工,产、加、销一条龙带动作用不突出。三是引进名、优、特品种少,优势特色产业和经营现代农业少,增收效果不明显,示范引领带动作用不强。

(三)基础设施不配套,经营主体发展后劲不足

一是基础设施薄弱。部分经营主体农田水利设施建设不完善,农业机械装备少,特别受基础设施建设用地政策影响,经营主体生产所需的设施用地、产品加工和仓储用地等存在审批难的问题。二是个别土地进行国土整治,地块发生变化,有些耕作层被破坏,造成经营主体无法耕种,农民不接收土地。三是专业人才匮乏。新型农业经营主体创办人和管理人员多为土生土长的农民,综合素质不高,应对市场经济、应用新技术和开拓创新能力不强,新技术、新品种推广受到限制,经营管理能力和技术水平较低,真正会经营、懂技术、善管理的经营者较少,在很大程度上制约了新型经营主体的创新发展。四是缺乏现代经营理念。大多数经营主体缺少现代经营理念,与基地农户只是买断关系,没有建立互惠互利的合作机制,没有形成企业+基地+农户+订单的经营模式,可持续发展能力还不强,难以适应现代农业的发展要求。五是

融资贷款难。农业是一个投入大、周期长、风险较多的传统产业,新型农业经营主体发展资金来源有限,资金链条短,资金实力弱,投入能力小,受信用担保等因素影响,银行信贷支持力度不大,部分农民虽将承包经营权流转,但不同意经营主体用流转经营权证抵押贷款,致使经营主体融资贷款难,培育主导产业和扩大经营规模缺乏流动资金,发展后劲不足。六是抵抗风险能力不够。因生产配套设施滞后和缺乏专业市场分析,经营主体抵挡自然灾害和市场风险能力弱,阻碍了新型农业经营主体的快速发展。

(四)配套服务不完善,影响经营主体发展资源利用

一是培训有待加强。因缺乏资金,只是就农村实用技术对经营主体进行了授课式的培训,没有按照分类指导的原则就现代经营管理、市场风险评估等内容带领经营主体外出进行实地培训。二是农业社会化服务体系建设亟待加强。经营主体在土地深耕深松、工厂化育供苗、农作物病虫害统防统治、农作物收获及加工等环节各自为政,机械投入占用大量资金和精力,存在浪费现象。三是业务指导力度不够。业务指导部门人员少,专业性不强,对新型农业经营主体技术指导服务不到位,新品种新技术引进没有与新型农业规模经营主体发展相结合。

(五)资金扶持力度小,制约了经营主体发展的积极性

一是资金项目扶持力度小。为了培育新型经营主体,县政府在土地流转、场地硬化等方面对经营主体给予扶持,还需进一步加大扶持力度,主要表现在:在支持新型经营主体开展社会化服务,领办农机服务、统防统治等方面没有扶持政策;在支持新型经营主体进行深加工,提升产品产值方面扶持力度小;土地整理、农田水利设施、土壤改良、道路整治、电力配套、病虫害防治、新产品新技术推广、发展现代农业等方面扶持力度小。二是大型农机具补贴力度小。因农机购置补贴数额有限,部分经营主体得不到补贴。现行农机补贴只限于列入补贴目录的农机具,没有进入目录的农机具没有补贴,影响了农机大户购买优质大型农机具的积极性。

三、进一步完善新型农业经营主体的几点建议

(一)规范土地流转,保障流转双方合法权益

根据《平罗县关于引导农村土地经营权有序流转发展农业适度规模经营

的实施意见》精神,对经营主体实行严格"准入制度",对其经济实力、信誉等方面进行严格审查,把好关口,避免引进一些"圈地业主""套补业主"。建立健全土地承包经营权流转市场,建立风险保证金制度和土地流转价格上限制度,切实规范农村土地流转程序,引导经营主体因地制宜,适度流转经营,防止个别经营主体为套取国家项目资金而提高流转价格或经营亏损时确保农民利益不受损害。

(二)提升带动能力,引导发展优势特色产业

立足平罗县优势农业产业,将经营主体发展纳入现代农业产业发展规划,引导新型农业经营主体走专业化、职业化、生态化发展之路。通过项目扶持,积极引导经营主体发展制种、特色瓜菜等特色种植;引导经营主体引进和推广新技术新产品,提高农产品的科技含量;鼓励和支持农业生产经营主体开展种植和养殖产品的深加工,并延伸到储藏、运销以及服务等领域,实现土地效益最大化,提升辐射带动能力。

(三)增强发展后劲,促进经营主体健康发展

一是在不占用耕地的前提下,对经营主体因生产需要建造简易仓(机)库、生产管理用房和晒场优先按设施农用地做好审批工作。二是加大培训力

全区新型职业农民培育活动在平罗启动

度。以提升农民的科学素养、职业技能、经营能力和创业能力为重点,采取走出去和引进来的方式,通过授课和实地学习等形式,加大对经营主体关于实用科学技术、经营管理能力、市场风险评估能力等方面的培训,培养懂技术、会经营、善管理、守信用的综合素质较高的经营主体。三是制定和落实贷款优惠政策,解决经营主体融资难的问题。四是引导区域内同一产业的农业生产经营主体实行横向联合,不断壮大其经营规模和整体实力,增强新型农业经营主体的市场竞争力。五是引导经营主体与农户建立互惠互利的合作机制,形成企业+基地+农户+订单的经营模式,增强可持续发展能力,适应现代农业的发展要求。

(四)提高社会化服务,促进经营主体健康发展

重点扶持创办专业化服务组织,为经营主体提供农资配送、农机作业、病虫害防治、工厂化育苗、农产品收购、市场风险预测、新品种改良、良种示范、信息服务等多方位、低成本、便利高效的生产经营服务,为新型经营主体提供产前、产中、产后全程化服务,增强抵御风险的能力,减少经营主体在农业机械上的投入,使经营主体将更多的精力和资金投入到生产管理和谋划长远发展中。

(五)加大扶持力度,鼓励壮大经营主体发展

政府要逐年增加促进新型经营主体发展的财政预算,整合各类财政支农资金,将农村经营主体列为各类支农项目及资金的重点扶持对象,加大对新型经营主体的扶持力度。一是加大基础设施建设项目扶持力度。在农业综合开发、土地整理、高标准农田建设、中低产田改造、农田水利等项目安排上,要向新型经营主体倾斜。二是对新型农业经营主体在用地、用电、运输等方面应给予一定的优惠政策。三是对带头发展优势特色农业、引进新技术新品种的经营主体实行以奖代补,增强示范带动作用。四是制定贷款贴息等金融优惠政策,加大资金扶持力度,帮助解决经营主体发展生产资金不足问题。五是对购买大型机械的经营主体建议在国家补助的基础上再给予一定比例的补助。六是及时兑现对经营主体的财政补贴资金,增强经营主体的积极性。

平罗县家庭农场运行情况的调查与思考

平罗县培育新型农业经营主体发展优势特色产业

为了全面了解掌握平罗县家庭农场发展现状,挖掘家庭农场在农业增效、农民增收中的巨大潜力,提升全县农业生产专业化、集约化、标准化水平,近期,我们采取实地调研、走访座谈等方式,对平罗县发展家庭农场运行情况进行了专题调研。

一、基本情况

平罗县辖7镇6乡144个行政村,总面积2251.6平方公里,实有耕地面积101万亩,其中农户承包地面积84万亩。总人口30万人,其中农业人口15.2万人。截至2017年,全县在农业部门备案正常运行的家庭农场有137家,经营耕地总面积 8.1 万亩,平均 591 亩;年销售收入总额 8100 万元,平均 59 万元;纯利润总额 1096 万元,平均 8 万元;劳动力总数 494 人,其中,家庭成员 274 个,常年雇佣劳动力 83 个,阶段性雇工 137 个;137 家家庭农场中:从事种植业的 108 家,从事畜禽养殖的 7 家,从事水产养殖的 4 家,种养结合的 18 家;经营面积为 100~200 亩 16 家,200~500 亩 55 家,500~1000 亩 35 家,1000 亩以上的 20 家;年销售销售收入 10 万元以下的 2 家,10 万~50 万元的 78 家,50 万~100 万元 39 家,100 万元以上的 18 家;纯利润 50 万元以上的 15 家,20 万~50 万元的 22 家,10 万~20 万元的 29 家,5 万~10 万元的 44 家,亏损的 27 家;区级示范家庭农场 26 家,市级示范场 16 家,县级示范场 17 家。

二、主要特点

1. 从产业类型来看,以种植业为主。全县在农业部门备案正常运行的 137 家家庭农场中,从事种植业的农场就占到一大半,达到 78%,从事养殖业的占 8%,从事种养结合的仅占 14%。家庭牧场、家庭渔场数量不多。

2. 从经营规模来看,经营面积普遍较大。从事种植业及种养结合的 126 家家庭农场平均经营面积 591 亩。其中,经营面积为 100~200 亩占 12.7%;200~500 亩占 43.6%;500~1000 亩占 27.8%;1000 亩以上占 15.9%。经营面积 500 亩以上的就占 43.7%。

3. 从产业链条来看,以初级生产经营为主。137 家家庭农场中,从事种植业的均以小麦、玉米、水稻、制种、油葵、设施蔬菜、饲草(苜蓿)等种植为主,养殖业以羊、牛、猪、水产养殖为主,将产业链条延伸至社会化服务的家庭农场有 8%,延伸至流通环节的有 10%,延伸至初加工环节的仅有 5%。

4. 从经营利润来看,经营利润普遍较低。137 家家庭农场纯利润总额 1096 万元,平均 8 万元。其中,纯利润 50 万元以上的占 10.9%;20 万~50 万元的占 16%;10 万~20 万元的占 21%;5 万~10 万元的占 32%;亏损的占 20.1%。

三、存在的问题

1. 农村土地流转价格较高。目前平罗县农村土地流转费普遍较高,每亩 500 元左右,最高 1000 元,造成家庭农场经营利润空间有限,影响了家庭农场的发展。同时,由于农民地块较分散,有的愿意流转,有的不愿流转,造成家庭农场流转的土地不能集中连片,不利于规模化、集约化生产,经营管理成本较高。

2.家庭农场融资困难。农业生产周期较长,经济效益低,回报见效慢,家庭农场在经营初期一次性投入比较集中,资金需求量较大,多数农场实力不强,加上固定资产不多,缺乏有效抵押物,大部分投入无法通过资产抵押等方式获取银行贷款,制约其扩大生产规模和发展设施农业。

3.内部运行机制不规范。根据调查,平罗县137家家庭农场中,建立财务管理制度、用工管理制度等内部管控制度的仅有15家,大部分家庭农场账务核算不规范,未进行详细的财务收支记录,只算大账,不记小账,没有进行成本核算,内部运行管理制度不健全、不规范。

4.农业社会化服务还不完善。在农机服务、配方施肥和病虫害防治等方面,针对家庭农场的社会化服务率不高,部分家庭农场在农机等生产资料购置方面存在资源浪费。在田间管理上,存在凭经验管理,缺乏专业的管理技术服务,造成生产经营技术水平和精细化不够。

5.农业产业链条较短。目前平罗县家庭农场大部分属于初级产品的生产,产业链条短,品牌效应弱,市场竞争力不强,有数量无效益、有特色无品牌,导致经济效益不高。

6.家庭经营规模太大。据测算,宁夏川区家庭农场经营耕地面积在200-500亩是最佳规模。而平罗县从事种植业及种养结合的126家家庭农场平均经营面积为591亩,其中经营面积500亩以上的就占43.7%。由于经营规模较大,造成人工成本难控制,经营管理措施不到位,精细化经营不够,产品质量、产量不能达到预期目标,影响经济效益。

7.生产经营风险不能保障。由于近年来家庭农场参加的农业保险多为政策性保险,保费较低,同时保额也较低,农业政策性保险的风险防控能力较弱。而近年来高温、冰雹、大风、暴雨等自然灾害也比较多,一旦发生,损失较大,但由于保险赔付额度较低,造成风险较大。

8.农场主素质偏低,缺乏经营管理人才。平罗县家庭农场主大部分是原来的种养大户,部分是返乡创业人员,他们热情高、能吃苦,但也存在着年龄偏大,文化水平不高,生产经营凭经验,缺乏科学的生产和管理能力;缺乏科学的中长期规划,发展方向不明确,产业特色不明显,多数仅限于传统的种植和养殖方式。家庭农场普遍缺乏懂经营、会管理的人才,影响家庭农场的长远发展。

四、对策建议

1.强化引导和宣传。尽快明确家庭农场的概念、内涵、注册登记等制度,明确认定标准、登记办法。在制定家庭农场认定标准时,要因地制宜,根据不同行业和地区,把经营规模控制在适度范围内。加大宣传力度,使农民群众真正认识到什么是家庭农场,其市场定位是什么。

2.强化土地流转服务。土地有序流转才能有家庭农场的健康发展。各级农村土地流转交易服务中心要切实承担起指导流转合同、合理确定土地流转指导价格、调节土地承包矛盾纠纷、搜集发布流转信息等职能,为土地流转搭建便捷的沟通和交易平台。探索建立土地流转指导价格以及协调机制、利益联结机制和纠纷调解机制,促进流转关系稳定和连片集中。

3.强化人才培养。利用和整合各类培训资源,开展农业职业教育和职业培训,重点围绕农业生产经营管理、农业技术、市场开发、品牌创建、成本控制等内容,培训家庭农场主和家庭农场的经营管理、农业技术人员,使他们率先发展成为职业农民,为家庭农场发展提供人力资源支撑。加强对大中专毕业生、返乡创业人员、农民致富带头人的培训,将他们培育成为家庭农场主,扎根农村发展现代农业。

4.优化发展环境。在财政扶持中,将家庭农场纳入奖补范围,对符合条件的家庭农场,在发展特色种养业、农业产业化、农业标准化、土地流转、农机购置补贴、项目贷款贴息等方面给予奖补。制定完善具体可操作的税收、保险、金融、用地等优惠政策,针对家庭农场融资难、风险保障难等问题,推行农业设施抵押、土地经营权证质押、农业订单质押、信用等级评定等做法,扩大融资渠道;农业保险要提质扩面,落实好政策性农业保险,不断扩大政策性农业保险的覆盖面和保险品种,探索农业商业性保险,增强家庭农场抵御风险的能力。

5.强化指导服务。在指导服务上,加快形成"区县有专家、乡镇有站所、村组有示范户"的家庭农场指导服务体系,指导家庭农场建立健全财务管理、人员管理等内部管理制度,定期下乡为家庭农场提供经营管理、信息和技术指导服务,为家庭农场的科学经营和发展壮大提供服务与技术支撑。鼓励农业人员和家庭农场进行技术合作,建立服务关系,开展政策、信息、技术、管理等指导服务。

6.强化示范带动。按照"发展、规范、提升"的思路,积极创新家庭农场经营模式,采取发展农业产业联合体的模式,将龙头企业、专业合作社和家庭农场有机联合起来,实现信息上的共享、技术上的互动、资源上的互补、农场间的共赢,提高发展层次和水平。建立评定机制,积极开展示范性家庭农场创建、评选活动,支持示范性家庭农场开展园区化建设、设施化改造、标准化生产、品牌化经营、规模化发展,着力打造高素质的家庭农场,发挥其示范、带动和引领作用。

着力培育家庭农场　助推现代农业发展

——平罗县家庭农场培育典型案例

为有效解决城镇化进程中"谁来种田"等问题,近年来,平罗县紧紧围绕"家庭农场"这一新型农业生产经营主体大胆探索,先行先试,着力培育示范农场,助推"三农"发展,取得了一定成效,全县工商登记注册的家庭农场中,种植业以小麦、玉米、水稻、制种、设施蔬菜、饲草(苜蓿)等为主,养殖业以羊、牛、猪、水产养殖为主,同时将产业链条延伸至社会化服务、流通、初加工环节等,形成了多元并存的发展格局,呈现出设施农业、观光农业、体验农业、创意农业等多业并进的发展态势。截至2019年年底,全县在农业部门备案正常运行的有222家。其中,种植业208家(粮食种植204家、瓜菜4家)、养殖业2家、种养结合8家、水产养殖4家。家庭农场经营耕地总面积9.4万亩。其中,经营面积100~200亩92家,200~500亩60家,500~1000亩32家,1000亩以上的20家。农场年销售总值1.1亿元。其中,10万元以下75家,10万~50万元90家,50万~100万元39家,100万元以上18家。家庭农场劳动力总数719人。其中,家庭成员劳动力386个,常年雇工劳动力111个,职业劳动力222个。通过几年的努力争取到区级示范家庭农场29家、市级示范16家。

一、主要做法

(一)推进土地规范流转,夯实发展基础

能不能形成家庭农场,土地流转是基础。2015年,平罗县启动农村土地承包经营权确权颁证登记试点工作,通过土地确权、颁证、登记,推进土地规范流转。平罗县先行搭建全区首家农村综合产权交易中心,建立县、乡、村三级土地流转服务平台,为家庭农场流转土地提供全方位服务,"需要什么地,就协调落实什么地","需要多大面积,就帮助解决多大面积",有力保障家庭

农场规模用地需求,同时也推动了土地流转有序开展。从2012年开始在全县范围内推广"家庭农场"模式以来,全县土地流转达41万亩,其中家庭农场流转土地9.4万亩,占流转总面积的41%

(二)农业生产托管服务引领家庭农场转型升级

把农业生产托管服务纳入家庭农场试点范围,积极推广农业生产托管服务新模式。这一全新的农业生产经营模式,契合了一部分外出务工农民离乡不离土的意愿,尊重了一部分传统农民的种粮习惯和土地情结,更适应了平罗县的实情。如平罗县盈丰家庭农场通过实施土地托管服务,种子种苗以及化肥农药等农资统一采购,价格较市场价格降低5%左右;实施配方施肥和统防统治,每亩节省肥料和农药50元左右;实行统一机械化作业,农机有效工作时间增加,油料成本降低,亩均节省成本10%~15%。平均每亩可降低成本100~150元。

(三)强化政策支撑,增强发展后劲

一是在发展资金上,制定《平罗县发展家庭农场指导意见》,每年安排专项资金用于扶持家庭农场等新型农业经营主体发展,对有一定规模和带动示范能力强的家庭农场,实行"以奖代补"、贷款贴息等措施予以重点扶持,每年财政扶持家庭农场补助资金在200万元以上。二是在涉农项目上,优先安排家庭农场承担高标准农业示范园区、农业综合开发、农村土地整理、测土配方施肥和新品种、新技术应用示范等项目;优先考虑家庭农场使用农村集体建设用地,建设晾晒场地、农产品仓库、农机具库房等生产经营用临时建筑物。三是在人才支撑上,加快培育职业农民,重点培养一批敢于种田、善于种田、精于种田,有技术、懂经营、会管理的执证类、企业化和协会式新型农民。鼓励引导农村大学生、外出务工农民、农村个体工商户等投资创办家庭农场,切实增强发展后劲。近年来,平罗县通过专题讲座、现场培训、科技下乡等形式,开展农村实用技术培训5000人次,培育新型农民2000人左右。

(四)强化配套服务,优化发展氛围

能不能持续健康运行,配套服务是保障。一是加强组织领导。成立专项改革领导小组,动态了解情况,及时总结经验,定期研究问题,破解发展制约。二是突出科技支撑。按照"主体多元化、服务专业化、运行市场化"要求,全面完善农业的产前、产中、产后服务体系建设,为农场提供一条龙便捷服务,使家庭农场新品种、新技术推广应用率达100%,经济效益普遍高于一般农户,如粮食种植每亩多收入150元,蔬菜每亩多收入500元左右。三是完善社会服务。不断扩大农资连锁经营覆盖面,全面提供种子、农药、肥料、农膜等生产资料配送服务;建立健全农业社会化服务体系,大力促进农超对接、农企对接、农市对接;积极探索推广家庭农场托管服务全程化生产方式;着力引导场主之间互帮互助,互利互惠,资源共享,致力为家庭农场生产经营提供多元化、宽领域、全方位的综合服务。定期研究问题,破解发展制约。

二、取得的成效

1.提高了劳动效率,降低了生产成本。通过发展家庭农场,实现了劳动力与耕种面积的合理配置,也有利于农业机械化水平的提高和农业科技的推广应用,农业综合生产能力明显增强。近年来平罗县家庭农场生产实现了"三增",即面积增、产量增、效益增。

2.有效解决农产品卖难问题。通过与合作社配套,发展订单农业,建立"合作社+家庭农场"的利益联结模式,以"订单"生产、"订单"销售方式把家庭农场组织起来,实行标准生产、质量追溯和品牌营销,实现合作多赢。同时,全方位推进农超、农批、农商对接,发展直供配送、电子商务等新型流通业态。

3.实现经济效益和社会效益双丰收。家庭农场规模化经营后,生产成本有所下降,农业生产效率明显提高。据调查,全县家庭农场中:利润10万元以下的75家,10万~50万元的90家,50万~100万元的39家,100万元以上的18家。同时,通过家庭农场的引领示范,也带动了周边农户增产增收。

平罗县农民专业合作社核查
和"空壳社"专项清理工作报告

按照自治区农办、农业农村厅等11部门《关于印发〈开展全区农民专业合作社核查和"空壳社"专项清理工作方案〉的通知》(宁党农办发〔2019〕12号)精神,平罗县开展了农民专业合作社核查和"空壳社"专项清理工作,取得了明显成效。

一、清理工作进展情况

截至2018年年底,全县在市场监管部门登记注册的农民专业合作社共计943家,其中被市场监管部门列入经营异常名录的110家。近期平罗县通过各乡镇逐一摸底排查,943家农民专业合作社中,无农民成员实际参与的合作社135家;无实质性生产经营活动的合作社150家;因经营不善停止运行的合作社150家;运行正常、较规范的合作社435家。按照前期摸底排查结果,拟清理合作社总数238家(自愿注销的合作社187家),其中,拟清理接收市场监管部门转来的列入经营异常名录的合作社80家,甄别为清理对象的合作社158家。拟对独资或一人占股90%以上、缺乏合作社组织特征、合作作用发挥不强,但又符合其他市场主体设立条件的31家农民专业合作社,指导其转型为家庭农场或农业公司;对合作社参与人数不符合规定、基本信息和生产经营统计不实、运行管理不规范的294家农民专业合作社,通过有针对性的法律政策宣传和培训,指导其对照法律法规,充实社员人数、完善管理制度、规范经营行为;对管理规范、服务到位、利益紧密、示范带动作用强的380家农民专业合作社,实行评星定级、列级管理和重点扶持。

二、主要做法

(一)加强统筹指导

成立平罗县专项核查清理工作领导小组,组长由县农业农村工作领导小组办公室副主任、农业农村局副局长董绍斌同志担任,成员单位由县农业农村局、市场监管局、发展改革局、财政局、税务局、银保监局、自然资源局、供销合作社、农改办、扶贫办组成。小组下设办公室,办公室设在县农业农村局(农经站)。各成员单位按照抓好组织动员、清理整顿、监督检查等工作,指导乡镇按照属地原则压实工作责任。

(二)认真做好前期准备工作

县专项核查清理工作领导小组办公室(农经站)制定了县级清理工作方案,会同县市场监管局,对平罗县辖区内县市场监管局注册登记的合作社以乡镇为单位进行筛选并制作成表册,进行了任务分解,为精准甄别、分类处置打下了坚实的基础。经与平罗县市场监管局核实,目前全县在市场监管部门登记注册的农民专业合作社共计943家,其中,被市场监管部门列入经营异常名录的110家。

(三)扎实做好源头排查

在摸底排查工作中,我们按照抓"两头"的工作原则,重点抓好抓源头排查。县农业农村局和市场监管部门积极配合,召开了全县农民专业合作社"空壳社"专项清理工作动员培训会,就开展摸底排查工作的方法、依据、标准等,对各乡镇分管领导和具体工作人员进行了培训。由各乡镇负责,对本乡镇辖区内在市场监管部门登记注册的农民专业合作社全面进行摸底排查,填报调查摸底排查表。各乡镇通过现场查看合作社经营场所、生产基地、管理制度、财务会计账目等,结合实地问询合作社交易相对人、成员、村"两委"等,进行详细巡查,核清原因,对合作社经营状况提出初步判断意见,建立问题台账,提出初步处置意见,上报县领导小组办公室。

三、存在的问题

一是部分农民专业合作社注册者注册合作社的目的就是期望获得税收优惠、项目扶持,导致一部分注册的合作社自注册之时起就没有运行,成为空壳社。

二是工商企业和工商资本按法律规定注册成立的合作社,一般都挂两个牌子,一个公司,一个合作社。但有的企业法人代表真的能够带动农民开展业务,也能够切实给农民带来好处,而有的法人代表纯属以合作社之名去争取政府的各种优惠和补贴,没有起到合作社的带动引领作用。

三是部分家庭农场和公司注册的合作社,实际为家庭农场和私营公司,没有真正发挥服务带动和合作作用,没有农民成员实际参与,但在核查中存在甄别难的问题。如果要吊销合作社,没有法律依据,不能强制吊销,仅靠劝说不能实现目标。

四、下一步工作打算

(一)认真核查甄别

对摸底排查发现问题的合作社,逐一建立问题台账和问题清单,对照县农领办制定的《平罗县农民专业合作社核查和"空壳社"专项清理工作方案》进行会商甄别、分类排队,搞清楚哪些是需要清理注销的,哪些是需要更名转型的,哪些是需要完善规范的,哪些是需要充实提升的,逐一建立台账。

(二)严格分类处置

对照方案要求,本着认真负责、帮助发展的精神,帮助农民合作社该充实的充实、该转型的转型、该规范的规范、该提升的提升。对于无农民成员实际参与,或参与人数不符合规定的合作社,指导其按照法律法规和标准增加入社农户数量、丰富生产经营事项、规范生产经营管理,尽快成长为一个规范的合作社。对于独资或一人占股90%以上,没有合作机制,服务农民带动农民作用不强的合作社,要指导和帮助其向家庭农场、农业公司或综合服务站转型。对一些只会干,没有章程、账目的合作社,要帮助其建章立账规范发展。

(三)扎实整顿整改

对清理出来纳入"问题台账"和"问题清单"的合作社,要指导其制定整改措施,安排专人辅导其进行整顿规范和充实提升,增强合作社服务带动意识和品牌营销意识,提高生产组织能力和经营管理水平。

(四)依法清理查处

对经核查、会商、甄别,无合作社经营之实、未来也没有发展农村合作经济打算的,或涉嫌骗取、套取国家和自治区涉农补助项目资金的,市场监管部门要依法依规坚决予以清理注销。对涉嫌从事非法金融活动的,安排详细核查,该退还的坚决退还,对套取、骗取扶持资金的,移交司法部门核查。

(五)建立长效机制

以"空壳社"清理整顿工作为契机,建立健全农民合作社规章制度,完善合作社现代治理结构,健全合作社规范发展的长效机制。综合运用"双随机、一公开"监管、信息公示等手段,开展合作社运行情况动态监测,实行合作社"黄牌"预警制度,对监测显示经营异常的合作社要提前亮出"黄牌"。同时,要建立联动协调机制,对新注册的合作社要建立健全财务账目和年报制度,帮助其规范发展。

扎实推进农业生产托管
积极引领小农户和现代农业发展有机衔接
——平罗县农业社会化服务典型案例

　　按照乡村振兴战略要求,大力发展以农业生产托管为主的农业社会化服务,通过政策引导社会化服务组织带动小农户,努力培育主体多元、竞争充分的农业生产社会化服务市场,重点围绕粮食作物、大豆油料作物和特色优势产业,提升各类服务组织服务水平,着力提高农业综合效益和竞争力,进一步带领小农户发展高质量现代农业,是发展现代农业的有效途径。2020年以来,平罗县坚持把农业生产托管作为实现小农户和现代农业发展有机衔接的融合器,精心组织,强化管理,因地制宜,扎实推进,农业生产托管服务试点进

积极培育农业社会化服务组织

展顺利,取得了良好的经济社会效益。

一、主要做法

（一）加强组织领导,确保试点顺利开展

认真贯彻自治区农业农村厅《农业生产托管服务试点项目实施方案》的要求,落实项目主体责任,成立由分管农业副县长任组长的农业生产托管试点项目领导小组,领导小组办公室设在县农业农村局,统筹协调农业、财政和乡镇等单位和部门,确保项目落实。制定了项目实施方案,提出绩效目标,明确目标任务、试点内容、支持环节和运行机制,制定了项目资金管理办法,定期对项目落实情况进行督查指导,总结经验典型,查找问题不足,确保各项措施落实到位。

（二）强化宣传引导,充分调动各方积极性

通过召开动员会、培训班,利用科技、文化、卫生"三下乡"以及微信公众号等多种方式方法,制定宣传手册和宣传画册,广泛开展宣传动员,充分调动服务组织和农民群众参与农业生产托管的积极性。高度重视相关政策的宣传解释工作,制定了不同作物农业生产托管服务作业标准和收费标准,积极引导各服务组织创新服务方式和服务机制,制定行业服务标准,对托管服务的目的意义、补助对象、补助办法、补助标准、验收办法等进行广泛宣传,提升托管服务的透明度,使广大农民群众认识到托管服务的目的意义和相关补助政策,大力营造推进农业生产托管服务的良好环境。同时,加强调查研究,及时总结典型经验并进行宣传,充分发挥典型的示范引领作用,有力地推进了试点工作。

（三）强化政策支持,加大对服务组织扶持力度

先后出台了《关于引导农村土地经营权有序流转发展农业适度规模经营的实施意见》《关于加快发展农业"一优四特"产业的实施意见》《关于推进农业"一优四特"产业发展扶持暂行办法》《平罗县星级服务组织评选办法》等,县财政每年投入农业社会化服务的资金达500万元以上,从人员培训、星级服务组织评定、购机补贴、基础设施建设等方面加大对农业社会化服务组织的扶持力度,在服务组织享受国家购机补贴政策的基础上,县财政再给予购机资金总额10%的补贴,对服务组织建设的农机具库等基础设施,县财政给予

投资总额30%的补贴。通过强化扶持引导,培育出了一批基础设施完善、综合服务能力强的社会化服务组织,为开展农业社会化服务提供了有力的政策和资金支持。

(四)做到"四个坚持",确保试点工作不走样

坚持服务小农户。把引领小规模分散经营农户走向现代农业发展轨道作为发展农业生产托管服务的重点,始终坚持带动而不是代替农户发展的原则,把服务小农户作为政策支持的主要对象,认真贯彻服务小农户比例不低于60%的标准,着力解决小农户的规模化生产难题。坚持推进服务带动型规模经营。试点工作中要求服务面积必须相对集中连片,把突破小规模分散经营制约、发展农业规模化生产作为农业生产托管服务的关键,推进服务带动型规模经营,在尊重农户独立经营主体地位前提下,集中连片推进规模化生产。坚持服务重要农产品。把提升平罗县优质粮食、蔬菜、草畜产业生产效益作为开展农业生产托管服务的目标,通过改进农业生产托管方式,提高综合效益和竞争力。例如围绕平罗县草畜产业发展,充分利用作物秸秆资源丰富的优势,探索性地开展了作物秸秆收储和调制配送服务,为粮食种植户和牛羊养殖户同时提供服务,有效地促进了种养结合。坚持以市场为主导。通过强化宣传引导,严格落实按照市场价格30%进行补贴的标准,正确处理项目实施和市场之间的关系,充分发挥市场配置资源的决定性作用,确保补助方式不影响服务价格形成,不干扰农业服务市场正常运行,引导农业生产托管服务长期健康发展。

(五)创新监测模式,提升项目管理效率

为了保证项目实施的真实性和高效性,我们借鉴兄弟市县的成功经验,通过农业生产托管服务组织付费,县上统一选聘确定第三方监测公司对生产托管服务进行全程动态监测。第三方信息技术公司负责建立农业生产托管社会化服务平台,进行项目的具体运营,引导服务组织、农机手、小农户通过登录手机APP,开展服务组织名录建设、工作指导、服务合同网签、作业监管、数据统计、农户评价等业务,保证项目实施的真实性和高效性。要求第三方检测机构按照服务组织考核要求,实时监测数据并反馈,协助出具作业监测汇总表和项目档案汇总表;农业生产托管项目完成后,出具作业区域图及监

测报告,并协助农经站做好项目验收的档案资料整理归档。

二、主要成效

通过农业生产托管项目实施,平罗县农业社会化体系不断健全,有效地实现小农户和现代农业发展有机衔接,农业综合效益和竞争力明显增强。截至2021年,全县农业社会化服务组织达到106家,从业人员1320人,年经营收入3.46亿元,服务领域不断扩大;服务面积260多万亩次,小麦、水稻、玉米三大粮食作物的综合机械化率达到94.1%;水稻托管每亩节本增效180元,玉米每亩节本增效120元,蔬菜托管每亩节本增效200元,农民节本增收效应明显。但在项目实施过程中也还存在供需对接不畅、服务资源缺乏有效整合、信息化程度不高等问题。下一步,我们将坚持服务小农户、坚持服务带动、坚持服务重要农产品、坚持以市场导向,建立健全监督机制,明确分工,强化责任,认真做好督导和指导,切实加强资金监管,扎实推进项目实施,全力为提高农业综合效益和竞争力,引领小农户发展高质量现代农业作出积极贡献。

为农业插上智慧翅膀　带农民群众增收致富

平罗县盈丰植保专业合作社成立于2010年2月,共有社员127个,注册资金500万元,是一家集设施蔬菜生产、植保服务、农产品流通、农业信息服务和农民田间学校培训为一体的国家级示范合作社。合作社先后荣获自治区级"农民合作社示范社"、2018年度"十佳农民专业合作社"、2019年国家"农民合作社示范社"等荣誉。个人先后获得"自治区十佳种植能手""自治区劳动模范""第三批全国农村创业优秀带头人""全国十佳农民"等荣誉。近年来,合作社顺应智慧农业及生态观光农业发展需要,将物联网技术运用到传统农业中去,带动农业增效和农民增收,助力乡村振兴,成为平罗县发展"智慧农业"的一个缩影。

一、努力成为农民专业合作社发展"智慧农业"的引领者

(一)创建高标准蔬菜基地,带头示范应用新技术

合作社连续3年创建高标准永久蔬菜基地,建设高标准蔬菜钢架拱棚123座,每年示范面积达1000亩左右,推行统一种苗、统一施肥、统一病虫害防治、统一技术服务、统一包装销售的"五统一"模式,推广测土配方施肥及高效植保技术,收到了良好效果。合作社在政策支持下,建设农民田间学校一所,重点围绕蔬菜新品种示范、新技术推广、"智慧农业"、农业社会化服务等开展技术和实操技能培训,每年培训农民1000人次以上,提升员工技能水平,从源头上保证农业发展质量。

(二)建设"物联网+农业"平台,推动蔬菜智能化生产

合作社积极推行"物联网+农业",建立绿色蔬菜种植园区,在园区建设"物联网+农业"平台系统。该平台系统集成传感物联技术,由智能云平台、数

据采集终端、视频监控、智能水肥一体化、田间管路等组成,通过利用无线传感器实现对设施内空气温湿度、土壤温湿度、二氧化碳浓度等环境因子实时采集,建立标准参照数据模型,利用软件平台进行数据智能分析,实现温度湿度实时监测、通风降温智能控制、产品质量终身追溯及远程图像抓拍上传,为作物提供最佳生长环境,实现设施种植智能化生产管理,推动了蔬菜智能化生产提档升级,也带动了精准农业兴起。

(三)发展智慧型社会化服务,助力农业提质增效

积极开展智能配肥和统防统治服务,结合农业面源污染治理,针对小农户无法开展的薄弱环节,发挥合作社基础设施和设备优势,提供联合采购、统一配送、测土智能配肥、农药肥料直供、病虫草害统防统治等服务,把质优价廉的农资送到农民身边,降低农户生产成本,控制农业面源污染。同时,根据农业供给侧结构调整的市场需求,为农户统一提供优质种子种苗和绿色生产技术指导服务,引导农户种植符合市场需求的绿色无公害产品,提高种植效益。

二、积极成为农民专业合作社高质量发展的促进者

(一)促进了产业结构调整

通过良种良法和"智慧型"管理装备的统一推广和应用,改变了传统的管理和服务模式,提升了农业科技武装水平,推进了蔬菜生产产业化进程,促进了农业供给侧结构性改革。合作社辐射带动平罗县四镇五乡3600户发展越夏番茄等优质蔬菜种植3万多亩,蔬菜平均产值达1.3万元;间接带动农户4500余户,涉及1万余人;安排就业人口2000余人,有效推动了平罗县蔬菜产业的发展。

(二)降低了农业生产成本

实施"智慧型"农业生产和托管服务,种子种苗以及化肥农药等农资统一采购,价格较市场价格降低5%左右;实施配方施肥和统防统治,每亩节省肥料和农药50元左右;实行统一智能化作业,解放了劳动力,解决了农村劳动力紧缺的问题,亩均节省成本10%~15%。通过发展"智慧农业",种植蔬菜平均每亩可降低成本100~150元。

(三)控制了农业面源污染

应用智能测土配方配肥和病虫草害统防统治技术,建立精准的预报和防

控系统,提高农药和肥料利用率,减少农药、化肥使用量,不使用重金属含量超标的肥料,改变了传统的大量施肥用药、大水漫灌的生产方式,达到了节约资源、降低污染、改善环境的目标。

(四)增强了农产品市场竞争力

通过"智慧型"管理和服务模式应用,采取以销定产、统一品牌、统一包装、统一运销等措施,建立便捷的信息获取渠道和食品安全追溯体系,创建品种优、技术优、管理优、品质优、价格优的"五优"蔬菜基地,发挥合作社稳定的销售渠道优势,有效地增强了蔬菜产品的市场竞争力和综合效益。经核算,合作社统一托管服务和销售的番茄亩均增收在200元以上。

三、勇于担当农民专业合作社生产难题破解的服务者

在农民专业合作社发展中,经常会遇到一些棘手的问题,如销售问题、资金问题、技术问题,等等,所以,在引领者和促进者的角色之外,我们又增加了服务者的角色,尝试建立一种专业合作、供销合作、信用合作"三位一体"的新型农村合作经济服务体系,构建一个集销售、融资、信息、技术等服务于一体的大平台,为解决农民专业合作社的产品销售资金短缺、人才不足等难题提供服务。通过积极发展"智慧农业",推进了全县蔬菜产业的集约化、专业化、现代化进程,在农业供给侧结构调整、农业面源污染治理、农业科技水平提升、农产品品牌打造等方面解决了小农户无法解决的问题,增强了蔬菜产业的市场竞争力,实现了合作社和农户的"双赢"。今后,我们将依托平罗县优质的农业资源,在努力壮大自身经营实力的同时,坚持联农带农,持之以恒发展"智慧农业",共同走出特色产业助力乡村振兴的新路子。

打造沙漠产业　助力脱贫攻坚
——平罗县红翔沙漠甜瓜专业合作社典型案例

平罗县红翔沙漠甜瓜专业合作社成立于2011年5月，地处平罗县红崖子乡红翔移民新村。合作社自成立以来，采取"合作社+基地+移民"合作共赢模式，与区、县农业技术推广单位积极合作，立足高起点、高标准、高效益，以绿色生态为灵魂，大力开展沙漠瓜菜新技术、新品种试验示范和推广，负责移民区500多座移动大棚瓜菜技术指导、技术培训、产品收购和销售工作，打造出了"红翔沙漠甜瓜""宁农·红翔"等沙漠瓜菜品牌，也为移民脱贫致富奠定了坚实的产业基础，为红翔村脱贫攻坚作出了积极贡献。

一、红土压沙解决了基础问题

平罗县红翔新村坐落于毛乌素沙漠边缘，土地贫瘠，常年受风沙侵袭，移

农民专业合作社开展新品种展示

民生产生活条件十分艰苦。如何利用有效资源，让568户移民搬迁群众脱贫致富，是一个急需解决的问题。县乡党委政府和村集体、各类农业经营主体经过广泛调查研究和论证，最终决定在红翔村发展设施瓜菜种植产业。但在红翔村发展设施蔬菜并

农民专业合作社示范推广新品种新技术

不是一帆风顺的。起初，由于风沙太大，建设的小温棚经常被风沙破坏，同时沙地保水保肥性较差，种植成本较高，蔬菜产量、品质都受到影响，让种植户苦不堪言。面对这种情况，红翔沙漠甜瓜专业合作社负责人邵宝平经过悉心探索，研究出了"红土压沙"的方法，利用周边地区红土资源丰富的优势，从周

农民专业合作社带动农户发展特色产业

农民专业合作社开展农产品统一包装销售

边地区拉运红土压沙,红土层厚度5~10厘米,有效地解决了这个难题。在发展过程中,合作社也成长为集设施农业种苗、新品种、高新技术成果于一体的集散地和辐射源。在合作社的引领下,红翔村自2016年开始建大型温棚,当年共建设11座,截至目前红翔新村共有500多座温棚,基地面积达到2500多亩,已初步形成了设施先进、管理科学、技术水平高、自身效益好、带动能力强的沙漠瓜菜示范基地。

二、"授人以鱼不如授人以渔",传帮带提升移民技能

"靠帮靠扶不如靠送技艺,以前移民不懂得农业技术,我就要把他们教会。"在发展设施沙漠瓜菜生产过程中,红翔沙漠甜瓜专业合作社负责人邵宝平无论刮风下雨还是酷暑严寒,每天依次到每个温棚里转转、看看,对农户进行技术培训和指导。同时,合作社把想要学习新技术的移民集中起来,一边学习设施沙漠瓜菜种植技术,一边到合作社的温棚里打工,最后积累实践经验承包温棚,使移民在获取劳务收入的同时,学习掌握了设施瓜菜生产技术,信心满怀地转型为新型职业农民,也成为合作社的社员。在合作社的带领下，红翔移民新村的沙漠瓜菜产业走出了一条标准化、规模化、品牌化、集约化发展的路子，移民发展沙漠瓜菜脱贫致富的信心更加坚定。

三、"合作社+基地+移民"模式引领移民共同走上致富路

红翔新村是宁夏回族自治区实施生态移民工程建设的移民新村，为了使搬迁户搬得出、稳得住、能致富，合作社积极响应党和政府的号召，于2016年开始建设红崖子乡红翔新村瓜菜基地。该基地占地90亩，新建28座高标准节能日光大棚及配套基础设施，总建筑面积23898平方米，总投资665万元。为了让移民"零负担"发展设施蔬菜，实现脱贫致富，合作社采取"合作社+基地+移民"的发展模式，由专业合作社进行种苗培育、技术指导和产品销售，为移民免费提供种苗、技术培训、技术指导等服务，并对移民生产的瓜菜产品统一收购、统一包装、统一销售，并采取保底的方式，保证每个移民的设施温棚年收入不低于1.5万元。有了这样的保障，极大地调动了移民发展设施沙漠瓜菜的积极性。目前，红翔移民新村共有26户建档立卡户直接参与设施沙漠瓜菜种植，户均年收入从2016年度的2.3万元提高到了2020年的6.6万元。同时，沙漠瓜菜产业的发展壮大，也带动了当地移民就近在基地务工。

拓展服务环节　　助推种养结合

——宁夏平罗县马场村股份经济合作社

宁夏平罗县通伏乡马场村位于平罗县通伏乡东南侧2.4公里处,辖10个村民小组,全村831户2369人,耕地18908亩,农业产业主要以优质水稻种植为主。近年来,通伏乡马场村股份经济合作社围绕本地水稻产业,积极开展水稻生产托管服务和饲草调制配送服务,拓宽了服务环节,延长了产业链条,实现了水稻种植户、养殖户和村集体"三赢"。

一、痛定思痛转思路

平罗县通伏乡是宁夏优质水稻原产地,多年来一直从事优质水稻种植和稻米加工业,但由于种地农民老龄化严重,水稻种植品种杂乱、技术老化、粗放化管理等现象严重,稻米品质下降,加上稻米深加工不精,严重制约了水稻产业的发展。同时水稻秸秆一直没有得到综合开发利用,每年水稻收获后,农户焚烧水稻秸秆的现象非常普遍,既浪费了资源,也给大气环境治理造成了很大压力,秸秆禁烧曾一度成为乡村干部最头疼的一项工作。为此村"两委"班子多次召开党群议事会、股东代表大会、"能人"座谈会广泛征求意见建议,并进行了认真深入的调研,决定依托通伏乡14万亩水稻年产稻草4万多吨的优势,转变思路,积极发展水稻生产托管和稻草回收、饲草加工配送服务,既解决水稻种植技术落后、品质下降的问题,又解决稻草秸秆焚烧形成的资源浪费和环境污染问题,同时还解决养殖大户饲草料调制成本高的问题。

二、争取项目扩装备

发展思路确定以后,如何解决水稻生产托管和饲草调制配送服务所需的基础设施和农机装备,成为摆在乡村两级干部面前的一个难题。乡村两级干部抓住财政扶持村集体经济发展的有利时机,采取抱团发展的模式,分别于

2019—2020年积极争取到通伏乡马场村、永兴村、团结村、集中村4个村的财政扶持发展壮大村级集体经济发展项目,采取资金入股、合作共建的方式,将每个村项目资金100万元打包使用,投资460多万元,收储土地100亩,建设马场村黄河金岸饲草调制配送中心,购置饲草加工设备一套。同时采取股份合作的方式,与县内外水稻种植农机大户和农机专业合作社合作,每年联系水稻耕地播种、病虫害防治、久保田半喂入联合收割机等农业机械60余台,挂靠马场村股份经济合作社,统一为农户提供水稻生产耕种防收等环节的托管服务。通过争项目、谋合作,有效地解决了水稻生产托管和饲草调制配送服务所需的基础设施和农机装备,为农业生产托管提供了有力的硬件支撑。

三、创新机制拓范围

为创新运营管理机制,拓宽服务范围,村集体经济组织通过召开股东代表大会,同股东代表、农机合作社、种植大户、养殖大户等进行充分讨论,由村股份经济合作社通过以草抵资的方式统一为农户免费提供水稻生产全程托管服务,同时为养殖户提供饲草调制配送服务。一是采取整村集中连片托管服务的方式,降低农机合作社的托管作业成本。二是水稻收获后,村股份经济合作社将农户的稻草进行回收,抵顶水稻生产托管服务费。三是每天为合作的农机合作社分配作业区域和作业任务,年底根据作业面积由村集体为其结算服务费。四是引进第三方监测机构,给开展托管服务的农机装备摄像

村集体领办饲草加工配送中心

服务组织为小农户提供机械耕种服务

头、GPS等监测硬件设备,利用监测平台实时监测农机作业面积和质量。五是积极与宁夏稻艺编织有限公司、灵武市德琴草制品专业合作社等草制品企业合作,积极发展草条、草帘、工艺品编织,利用互联网进行销售。六是利用饲草加工设备,将稻草绞碎、打捆,加工制作成饲草料,为周边地区奶牛和肉牛养殖大户和企业提供饲草配送服务。

四、统一模式优服务

大胆推行统种托管、全程服务模式,重点以水稻精量旱穴播、机插秧和高效植保技术为主,集成机械深翻、激光平地、统防统治、机械收获、秸秆综合利用等环节托管,为水稻生产托管服务起到示范引领作用。按照"惠农政策宣传到农户,最新技术培训到农田,服务措施落实到机手,示范推广包干到田块"的"4+1"工作机制,全力做好从机械整地、播种、田间管理、植保到收获等全过程指导服务工作,积极推行"八统一"服务模式。即:统一作物布局、统一耕作、统一良种引进、统一灌水、统一配方施肥、统一病虫草害防治、统一收获、统一饲草调制配送。通过"八统一"服务模式,达到省工、节水、节本、提质、增产、增效的目标。同时,股份经济合作社还积极与自治区农科院开展院地合作,推行绿色科技创新,围绕耕整地、种植、灌溉、植保、收获、打草仓储等主要环节,动态监测和分析土壤水肥、作物生长、病虫害发生等信息,智能化制定相应的水、肥管理措施,主攻节水灌溉、高效植保、水稻收获等薄弱生产环节的服务,保证了服务的全方位、高质量。

马场村股份经济合作社通过优化服务质量,拓展服务环节,有效地提升了水稻种植的科技水平和品质,降低了农户的生产成本,水稻秸秆变废为宝综合利用,解决了养殖大户的饲草料问题,同时也增加了村集体经济收入。

1.提升了水稻种植科技水平。通过"八统一"托管服务,水稻生产种植实现了机械深翻、激光平地、统防统治、机械收获、秸秆综合利用全程机械化,良种良技得到统一示范推广和应用,病虫草害得到及时有效的统防统治,"物联网+农业"新技术不断示范应用,水稻秸秆得到综合开发利用,水稻的质量品质大大提高,以往水稻粗放式的生产经营管理和秸秆焚烧造成的环境污染问题得以解决。

2.推进了水稻产业化进程。通过托管服务,在尊重农户独立经营主体地位前提下,突破了农户小规模分散经营的制约,为集中连片推进水稻规模化生产开辟了一条全新的经营模式,形成了"市场+合作社+基地+农户"的经济管理体制和运行机制。同时,通过为养殖大户提供饲草料调制配送服务,降低了养殖大户饲草料调制成本,有力地助推了种养结合,延长了农业生产的产业链条。

3.实现了种植户节本增收。通过"八统一"托管服务,服务区水稻亩均产量增加105公斤,种植成本亩均减少240元,种植成本亩均下降34.3%,亩均增收660元,比常规种植增长31.1%。全程托管模式还把部分农户从土地中解放出来,选择自主创业或进城务工,实现了劳动力有效转移,增加了非农劳务收入。

4.发展壮大了村集体经济。马场村股份经济合作社通过股份经营、抱团发展的模式,建设饲草调制配送中心,发展稻草综合利用,变废为宝,使水稻秸秆价值由原来每亩100元升值到每亩300元,村集体经济也得到快速发展。截至2020年年底,马场村集体经济收入突破276万元,抱团发展的3个村实现了村集体经济收入分红30万元,"头雁领航,群雁起飞"效应逐渐显现。

开展"七统一"托管服务
让专业的人做专业的事

——平罗县阮桥为民农业服务专业合作社典型案例

服务组织为小农户提供机械播种服务

平罗县阮桥为民农业服务专业合作社于2016年2月24日注册成立,注册资金100万元整。合作社目前拥有140马力至210马力拖拉机22台,打捆机8台,无人机9台,配套农机具103台(套)。建设农机驾驶操作人员培训室150平方米、农机库房1023平方米、农机大棚676.6平方米、晒场3300平方米。2019年投资988万元,建成秸秆回收厂房,占地面积4000平方米,堆放草场占地面积6000平方米,新购牧草机械8台。合作社先后获得"创业创新示范点""平安农机示范联组""希望工程爱心企业""平罗县青年就业创业基地""科技培训基地""2017—2018年度星级经营主体"等荣誉称号。

随着农民进城居住和外出务工人员的逐年增加,带来农村劳动力老龄化和综合素质不高的问题,使农业生产面临新的问题:打工顾不上种地,种地耽误务工挣钱,花钱雇人种地成本高,导致青壮年劳动力多数外出打工,在家务农多为老弱群体,无法使用机械耕作,对农业新技术推广应用接受能力差,种植方式守旧,管理粗放。再加上一家一户种植,地块零散,形不成规模,农业机械利用率低、费用高等。针对这些问题,平罗县阮桥为民农业服务专业合作社认识到,实行土地托管,可以帮助农户实现外出打工和农业生产经营"两不误",实现双重收入,改善家庭经济生活条件,有效地促进了城乡一体化进程,同时也能充分发挥自身农业生产机械数量多、种类齐全的优势,不断拓宽合作社的增收渠道。

一、深入宣传动员,提高农户土地托管积极性

为使农户心甘情愿地将土地交由合作社托管,安安心心地进城和外出打工创收,合作社组织全体成员下队入户召开群众会议,专心细致地讲明说透实行土地托管给农民带来的好处和意义。在广泛征求意见的基础上,合作社按照"群众自愿,双赢互利,最高收入,最低保障,全程服务"原则,制定出一套群众自愿,双赢互利,操作方便的实施方案,为顺利开展水稻生产托管奠定了坚实基础。

二、强化技术指导和服务,提升农业生产科技水平

合作社立足水稻种植"耕、种、管、收、售"环节,特聘请自治区农技推广总站水稻专家刘丰亮教授亲自指导和授课,系统讲解水稻精量穴播和植保机具的使用操作、故障排除、维护保养等实际技能,通过现场作业演示会的形式广泛宣传全程机械化生产技术和机械装备的节本增效优势、具体做法和取得的成效。共组织培训10次,田间指导25次,培训农民、农机手、插秧机手500人以上。

三、推行"七统一"服务模式,开展水稻生产全程服务

近年来,合作社按照自治区和县农机、农技部门水稻全程机械化生产技术示范推广试点的要求,大胆推行统种托管、全程服务模式,重点以水稻精量旱穴播、机插秧和高效植保技术为主,集成机械深翻、激光平地、统防统治、机械收获、秸秆综合利用及烘干全环节托管,为水稻生产托管服务起到示范引领作用。一是健全了服务机构。专门成立了土地托管经营部,主要承担土地集存、托管，生产投入成本和生产效益核算工作；农机（租赁）服务部，主要承担农机具购置、管理运作、土地耕作、农业机械化全程服务工作；农技推广部，主要承担新品种、新技术的试验、示范、推广应用，节水灌溉、病虫草害防治、农资、农产品购销经营工作。各部门紧紧围绕以"惠农政策宣传到农户，最新技术培训到农田，便民措施落实到机手，示范推广包干到园区"为主要内容的"4+1"工作机制，全力做好机械整地、播种、田间管理、植保、收获等全过程指导服务工作。二是积极创新服务模式。改变耕作方式，做到"七统一"服务。即：统一作物布局、统一机械化耕作、统一良种引进、统一灌水、统一配方施肥、统一病虫草害防治、统一收获。通过"七个统一"服务模式，达到省工、节劳、节水、降低生产成本、提高水稻品质和产量的目标，最终实现农业高产高效增收。

四、开展绿色高效智能技术服务，助推现代农业发展

为深入开展水稻绿色高效高产示范基地创建，以农业面源污染治理和环境保护为首要任务，推进农业供给侧结构性改革，助推种植业转型升级和现代农业发展，全面提升平罗县水稻绿色生产水平，促进粮食产业健康发展。2019年3月投入50万元，建成了"物联网+农业"平台，推行绿色科技创新，推动农机全程自动机械化操作，该平台系统集成传感物联技术，围绕耕整地、种植、灌溉、植保、收获、打草仓储6个主要环节，在种植阶段实时分析土壤信息，培育阶段采集温度、湿度等信息进行高效管理，生长期间检测环境信息、养分信息、作物病虫害情况，检测土壤水分、土壤湿度、空气湿度、光照强度、植物养分等信息，实现所有基地测试点信息的获取、管理动态显示和分析处理，以直观的图标和曲线显示出来，智能化制定相应的水、肥管理措施，主攻节水灌溉、高效植保、水稻收获等薄弱生产环节。

五、不断提升服务能力，拓展托管服务领域

合作社在水稻生产托管服务取得较为理想的成绩后，积极拓展托管服务领域，立足服务农业生产产前、产中、产后全过程，重点发展农业经营性服务，开展农业市场信息服务、农资供应服务、农业绿色生产技术服务、农业废弃物资源化利用服务、农机作业及维修服务、农产品初加工服务、农产品营销服务等各个环节，推进农业服务水平提高、农产品价值提升。

通过推行"七统一"托管服务,有效地提升了水稻种植的科技水平,降低了农户的生产成本,推进了水稻生产的产业化进程,实现了农业增效,农民增收。

1.提升了水稻种植科技水平。通过托管服务,水稻生产种植实现了机械深翻、激光平地、统防统治、机械收获、秸秆综合利用及烘干全程机械化。"物联网+农业"新技术得到了进一步的应用,土壤养分、水分、空气湿度、作物光照强度、病虫害情况等信息,实现所有基地测试点信息的获取、管理动态显示和分析处理,为实现智慧农业奠定了坚实基础。

2.推进了水稻种植产业化进程。通过托管服务,在尊重农户独立经营主体地位前提下,突破了农户小规模分散经营的制约,为集中连片推进水稻规模化生产开辟了一条全新的经营模式,为实现用管理现代工业的办法来组织现代农业的生产和经营,形成以市场牵龙头、龙头带基地、基地连农户,集种养加、产供销、内外贸、农科教于一体的经济管理体制和运行机制,奠定了坚实基础。

3.实现了水稻种植节本增效。通过"七统一"托管服务,服务区水稻亩均产量较上年增加105公斤,种植成本亩均比上年减少240元,种植成本亩均下降34.3%,亩均增收660元,比上年增长31.1%。合作社每年可实现服务收入210多万元,解决就业人员60余人。

沙漠里的致富经

——平罗县博涛家庭农场典型案例

平罗县博涛家庭农场注册成立于2013年,位于平罗县高仁乡六倾地村,法人张涛,注册资金100万元,家庭农场共流转土地850亩,有管理用房5间,仓库15间,农机具及运输车16台,地磅、信息服务等配套设施设备齐全。家庭农场主要以瓜菜种植、购销、农业社会化服务为主。近年来,家庭农场充分利用当地沙地和独特的气候条件,积极发展沙漠西瓜产业,在地力较低的条件下实现了高产高效,打响了"乐海山"牌沙漠西瓜品牌,带动了当地农民增收。2013年以来,家庭农场先后被评为市级示范家庭农场,区级四星级家庭农场。

一、建章立制,强化管理

确立合理鲜明的规章制度,是促进各项事业有效实施的基本保障,也是家庭农场正确执行计划决策、出色完成各项工作目标任务的前提。为此,家庭农场制定了符合自己的管理制度,并将各项制度上墙、制成手册,供大家学习执行。农场生产经营和管理严格按照各项规章制度执行,确保农场各项工作统筹安排部署,有序、有力进展,提高工作效率,促进了农场各项工作的扎实开展,为家庭农场的发展壮大打下了坚实基础。

二、因地制宜,大胆突破

平罗县高仁乡毗邻黄河东岸,耕地稀少,地力条件偏低,灌水条件差,但沙地资源丰富,温差大,光照充足。博涛家庭农场发现这里气候条件适宜,少灌水就可以种出品质优良、甘甜可口的西瓜。在博涛家庭农场的带领下,经过不断探索、示范引领,家庭农场沙漠西瓜基地面积逐步扩大到850多亩,带动该地区开发种植沙地西瓜1万亩左右。农场通过转变思维,变沙为宝,将沙漠西瓜产业发展成为当地带动农民增收的优势产业,从地力条件较低的沙地获得了远高于中等耕地的经济效益。

三、科技先导,效益至上

家庭农场不断探索推广西瓜种植新技术,通过沙漠西瓜的技术改良,品种更新,有效提高了沙地资源的利用率和沙漠西瓜的种植效益。积极示范推广种植"新农10号""丰抗10号""特大红盛龙"等抗干旱、防寒、防风沙、抗重茬、上市早的优新品种和小坑座瓜的保水抗低温技术、无公害栽培技术、小拱棚栽培技术、测土配方施肥等技术,极大地提高了西瓜种植的经济效益,近年来沙漠西瓜亩均纯收入1800元左右。同时,通过无公害生产技术应用,有效地减轻了农业面源污染,改善了当地生态环境,取得了较好的生态效益。

四、品牌为先,订单购销

家庭农场高度重视品牌培育和宣传,注册了"乐海山"沙漠西瓜品牌,从技术规程、品质质量、包装销售3个方面实行规范化、标准化建设,制定技术规程,严控产品质量,统一贴标包装,将"乐海山"沙漠西瓜打造成为宁夏名牌产品,"乐海山"成为宁夏著名商标;同时,积极挖掘传统特色,打造"乐海山"沙地西瓜文化品牌,奠定了"乐海山"沙地西瓜的文化底蕴,成为继中卫"香山"牌压砂瓜之后的新秀。"乐海山"牌沙漠西瓜在内蒙古、甘肃、陕西等周边地区具有广阔的销售市场和极大的影响力,市场竞争力不断提升。

五、稳定市场,扩大规模

家庭农场在发展种植的同时,大力开拓并稳定周边市场,周边省市客商也不断云集,尤其是来自内蒙古及周边地区的运输车辆络绎不绝,年购销能力不断提升。2014年家庭农场又通过集体经营性建设用地入市,获取集体经营性建设用地0.8万平方米,投资160余万元扩建收购场地,为当地沙漠西瓜购销提供了平台。在平罗县博涛家庭农场的带动下,周边农民感到了收获的喜悦,种植规模不断扩大,由2013年的5000亩扩大到2019年的1.5万亩左右。

六、创新理念,发展新业态

2014年,家庭农场充分发挥沙漠西瓜的优势,建成了"乐海山"沙漠西瓜产业园,投资1000余万元,建温棚、育新苗、种瓜菜,产业园面积达800多亩,设施温棚达到45座。把沙漠西瓜产业与观光农业有机结合,引进多样化、新奇特的果蔬品种,吸引游客走进田间地头,体验农家乐趣。2018年,家庭农场所在的高仁乡六顷地村又被市、县确定为美丽家园试点村,充分依托沙漠西瓜特色产业资源,从产业发展、人居环境、文化提升改造等方面加大投入,推动六顷地村美丽家园建设,大大提升了当地的环境条件。2018年6—9月,产业园仅观光采摘就实现收入20余万元,产业园全年总收入达到100多万元。

七、统一服务,共同致富

家庭农场通过示范引领,带动周边农户共同发展沙漠西瓜,共同致富。一是统一提供生产资料,示范推广优新品种。家庭农场产前为瓜农统一提供优质西瓜种子,全面示范推广种植"新农10号""丰抗10号""特大红盛龙"等抗干旱、防寒、防风沙、抗重茬、上市早的优新品种,从源头上确保产品品种统一,质量优良。同时,统一向周边农户提供农膜、化肥等生产资料,保证物美价廉。二是统一提供购销服务。家庭农场与周边农户签订购销订单合同,周边农户生产的西瓜产品,全部由家庭农场按照订单统一收购,统一销售出去。如果市场价格显著高于订单价格,家庭农场适当地为农户提高价格,有效地维护农户利益。三是统一提供技术服务。家庭农场为周边农户提供全程技术指导和服务,通过采取发放宣传资料、现场指导等方式,指导农户应用先进品种和技术。重点示范推广了小坑座瓜的保水抗低温技术、无公害栽培技术、小拱棚栽培技术、测土配方施肥等技术,确保西瓜按标准生产技术操作。四是统一提供培训服务。家庭农场每年对瓜农进行优质西瓜栽培技术、田间管理、市场营销等知识培训,组织青壮年农民到山东昌乐县学习优质丰产栽培技术,有效地提高了农场员工和周边农户种植沙漠西瓜的技术水平。

经过多年发展,平罗县博涛家庭农场日趋壮大,生产销售的"乐海山"牌沙漠西瓜得到了广大消费者的认可,品牌知名度不断扩大,市场销售旺盛,经济效益、社会效益和生态效益明显,也有效地带动了当地农民增收。2019年家庭农场沙漠西瓜生产基地达到850亩左右,示范小拱棚栽培西瓜100亩,家庭农场年纯收入达到100万元以上,沙漠西瓜亩产值达到2600元左右,带动周边农户建设基地1.5万亩左右,从事沙漠瓜菜种植的农户户均实现纯收入2.76万元。

扎根农村、发展农业、服务农民

——平罗县维宝家庭农场典型案例

平罗县维宝家庭农场成立于2016年8月,农场位于渠口乡阮桥村二队,固定资产投资达847.2万元,有拖拉机及配套农机具100多台(套),农机库及大棚2700平方米,仓储及加工车间10660平方米。家庭农场主要开展农作物、经济林、饲草种植,农产品收购、仓储、销售,蔬菜瓜果采摘、垂钓服务等休闲农业,代耕、代种、代收等农机社会化服务,注册了"霸道香"大米商标。维宝家庭农场已逐步发展成为集种植养殖业、社会化服务、休闲农业、流通加工于一体的新型农业经营主体。2018被评为"创业创新示范点",农场负责人王维2018年被评为"农村青年致富带头人"。

一、创建"五优"基地,带头示范应用新技

维宝家庭农场在县农业农村局和渠口乡党委政府的支持下,2020年建设农民田间学校一所,重点围绕农机驾驶员和水稻精量旱穴播技术开展技术培训,每年培训农民500人次以上。家庭农场连续3年创建"五优"水稻基地,每年示范面积达1550亩左右,成功开展6种水稻新品种对比试验,试验面积35亩,推行统一播种、统一施肥、统一病虫害防治、统一机耕机收、统一机防服务的农机农艺"五个一"模式,推广水稻精量旱穴播、测土配方施肥、机插秧和高效植保技术,收到了很好的效果。通过开展培训和新技术示范推广,使新技术被广大农民朋友接受和认可,辐射带动周边农户采用新技术,每年带动解决60余户贫困人员脱贫,也有力地带动了当地农业科技水平的提升。

二、着眼长远发展,推行"物联网+农业"模式

家庭农场积极推行"物联网+农业",建立绿色水稻种植园区,并在园区建设"物联网+农业"平台系统,该平台系统集成传感物联技术,实现喷药量、施肥量、灌水量、播种量等数据的自动采集与物联网数据传输,实现作业机具实时位置监测、速度监测、作业面积计量、作业费用计算和作业视频监测及远程图像抓拍上传,推动了农业机械化提档升级,也带动了精准农业兴起。家庭农场借助平台系统优势,围绕整地、播种、灌溉、植保、收获、打草仓储6个主要环节,主攻节水灌溉、高效植保、水稻收获等薄弱生产环节,全力推进水稻、玉米生产全程机械化服务,实现全程机械化物联网新技术;提高了监控水稻苗情生长、气象灾害及病虫害防治决策的准确性和实时性,让农户坐在家里就能通过物联网获知田间气温、灌溉情况等信息,把园区建设为具有农机化技术示范功能、辐射带动作用强的农业示范基地。

三、着眼绿色发展,积极发展循环农业

针对稻草秸秆焚烧形成的资源浪费和环境污染问题,自2000年开始,唯宝家庭农场投资建设了饲草循环化综合利用项目,稻草秸秆通过除杂、切断、粉碎、揉丝、除菌、发酵(植菌)、成品、吨包的工艺技术流程,将稻草秸秆转化为饲料。该项目年加工草捆、吨包草、集束长草等产成品近2.4万吨,每吨草产品可实现净利润25元(免税),家庭农场从该项目每年可实现纯收入59.4万元。同时,饲草循环综合利用项目减轻了环境污染,减少了火灾隐患,既有良好的环保效益,又增加农民销售秸秆收入,也直接带动了本村剩余劳动力就近务工,拓展了群众增收渠道。

四、真心为民服务,大力发展农业社会化服务

随着劳动力的大批转移,"伤、老、病、残"等弱势群体在农村比重增加,农村耕地无能力耕种的现象日益严重。为此,维宝家庭农场积极开展农业社会化服务,针对小农户开展耕种防收等重要环节的农机社会化服务和种子、化肥、农药等农资赊销配送服务,解决弱势群体资金和劳动力短缺的问题,降低了小农户农业生产投入成本,达到了节本增效。维宝家庭农场2020年推行耕种防收农机社会化服务近4万亩,家庭农场实现年产值370万元,实现经济收益120万元,解决就业人员160余人,吸纳临时用工人员500余人,带动当地劳动力年实现收入达50多万元,服务农户亩均比上年增收193元。同时,家庭农场按照"质优价廉、薄利多销、送货上门、全程服务"的要求,开设农资综合超市,销售优质农资,方便农民购买种子、化肥、农药、地膜和药械等农业生产资料。